钢桥面铺装养护蓝皮书

江阴长江公路大桥
钢桥面铺装养护报告

（1999 年—2017 年）

饶建辉　陈雄飞　主编

人民交通出版社股份有限公司
China Communications Press Co.,Ltd.

内 容 提 要

本书围绕江阴长江公路大桥钢桥面铺装病害及养护检修工作，详细分析了大桥的铺装使用条件，系统总结了大桥历年来的铺装应用模式，对铺装典型病害的发展趋势规律进行了归纳分析，在此基础上介绍了当前钢桥面铺装养护管理现状和病害养护处治工艺，并就养护技术创新和未来研究方向进行了阐述。

本书可供从事大桥管理、科研、教学和工程设计人员参考使用，也可作为相关专业研究生教材或学习参考用书。

图书在版编目(CIP)数据

江阴长江公路大桥钢桥面铺装养护报告：1999年—2017年 / 饶建辉，陈雄飞主编. — 北京：人民交通出版社股份有限公司，2018.9

ISBN 978-7-114-15006-7

Ⅰ.①江… Ⅱ.①饶… ②陈… Ⅲ.①公路桥—桥面铺装—公路养护—研究报告—江阴 Ⅳ.①U448.14

中国版本图书馆CIP数据核字(2018)第208827号

书　　名：江阴长江公路大桥钢桥面铺装养护报告(1999年—2017年)
著 作 者：饶建辉　陈雄飞
责任编辑：丁　遥　闫吉维
责任校对：刘　芹
责任印制：张　凯
出版发行：人民交通出版社股份有限公司
地　　址：(100011)北京市朝阳区安定门外外馆斜街3号
网　　址：http://www.ccpress.com.cn
销售电话：(010)59757973
总 经 销：人民交通出版社股份有限公司发行部
经　　销：各地新华书店
印　　刷：北京市密东印刷有限公司
开　　本：787×1092　1/16
印　　张：7
字　　数：156千
版　　次：2018年9月　第1版
印　　次：2018年9月　第1次印刷
书　　号：ISBN 978-7-114-15006-7
定　　价：60.00元
(有印刷、装订质量问题的图书，由本公司负责调换)

本书编审委员会

主　　审：周世忠　金　凌　钟建驰

陈祥辉　吴赞平

主　　编：饶建辉　陈雄飞

编　　委：王建伟　汪　锋　罗　桑　朱志远

沈永富　孙孝婷　吕澄江　刘明莉

李永鳞　范凌泰　魏小皓　金世安

邓嘉骏

编写单位：

江苏扬子大桥股份有限公司

东南大学

江苏交通控股有限公司悬索桥养护技术研究中心

序

江阴长江公路大桥(以下简称“江阴大桥”)作为我国首座跨径超过千米的钢箱梁悬索桥,是中国桥梁发展史上的里程碑工程。1999 年 9 月 28 日大桥建成通车,近 20 年来累计交通量已超过 3 亿辆,年均日交通量从 1999 年的 1.47 万辆增长到 2017 年的 8.5 万辆以上,增长了 4 倍多,为经济社会发展发挥了支撑作用。大桥运营养护团队以“大桥百年运营”为己任,以“功成不必在我”的胸怀,继承和发扬大桥建设者艰苦奋斗、勇于创新的精神,不断总结运营养护经验、完善运营养护制度、发展运营养护技术和提高通行服务水平,使大桥始终保持在安全和畅通状态。在交通运输部组织的 2016 年全国 40 座特大桥梁的养护管理规范化检查评比中,江阴大桥获得第一名。2017 年,大桥钢桥面铺装研究成果获得中国公路学会科学技术奖一等奖。

江阴大桥运营近 20 年来,钢桥面铺装经历了“浇注式沥青混凝土”—“下层浇注 + 上层环氧”—“双层环氧”的铺装再造过程:

——从英国引进的“浇注式沥青混凝土”由于“水土不服”,通车 4 年后出现了大面积结构性破坏。

——自主创新的“下层浇注 + 上层环氧”铺装结构形式,解决了浇注式沥青混凝土车辙、推移、脱层等重大病害问题。设计理念也由“双层同质”进化为“双层异质”,并应用于世界首座三塔双千米主跨的大柔度钢箱梁悬索桥——泰州长江公路大桥的桥面铺装中,服役 6 年来铺装状况优良。

——“双层环氧”铺筑于重载车行驶的第二、三车道,有针对性地应对了大桥钢桥面板薄、交通量大和气候环境恶劣的三重挑战。从实桥上多组试验路段的实测资料中凝练出的技术成果,使钢桥面铺装的使用寿命从 4 年延长至 8 年以上。

众所周知,服役桥梁的铺装大中修是在除修复车道外其他车道均开放交通的情况下进行的,重载交通引起的振动和桥梁扰动大大增加了大中修施工的难度;铺装施工过程中需要优化交通组织以保障交通运营和铺装施工作业的双重安全;繁重交通压力下铺装施工后需要尽快地恢复交通等。面对这些难题与挑战,江阴大桥在养护维修中走出了技术创新之路,梳理不同铺装材料与结构的性能特点和服役状况,系统总结典型材料(浇注式沥青混凝土、环氧沥青混凝土、高强 SMA 和反应性树脂混凝土等)的铺装面层病害的养护处治技术,提升了钢桥面铺装的养护品质,始终保持主桥面处于良好的使用状态。

大桥运营养护团队近 20 年来付出的心血令人敬佩,取得的科技进步成果值得肯定。《江阴长江公路大桥钢桥面铺装养护报告(1999 年—2017 年)》就是桥面铺装运营养护经验的系统总结,详细阐述了钢桥面铺装养护历程、存在问题、解决方法、技术措施以及工作展望。这是一部饱含我国第一手实践资料与技术探索的宝贵技术成果,是适用于特大跨径钢箱梁悬索桥铺装养护的工作指南,值得国内外同行们在运营养护工作中借鉴。

衷心祝愿大桥运营养护团队继续努力、积极探索,在特大型桥梁运营养护管理中绽放出“中国智慧”,为世界桥梁技术进步做出“中国贡献”。

凤懋润

二〇一八年六月十五日

前 言

随着钢桥的大量建设,钢桥面铺装技术受到了道路和桥梁工程领域研究人员的高度重视与关注。从20世纪90年代开始,交通部科研机构针对广东虎门大桥的建设,对钢桥面铺装进行了研究。在此后20多年的时间里,科研机构和高等院校在钢桥面铺装方面的研究主要集中在铺装材料研发和铺装结构设计方面,逐渐形成了浇注式沥青混凝土、改性沥青SMA和环氧沥青混凝土等多种铺装材料并存的局面,桥面铺装技术日趋完善。

但是,随之而来的桥面铺装病害检测与养护维修技术相对来说则较为缺乏。在光照、雨水等严峻的自然环境以及车辆重复荷载共同作用下,大部分桥梁通车运营一段时间之后桥面铺装出现了不同程度的病害,由于缺乏及时的检测维修,一些轻微病害愈演愈烈,逐渐发展成为坑槽、脱层等,严重影响到行车的舒适性与安全性,给大桥的正常通行与管理工作带来了极大的困难与挑战。

江阴长江公路大桥(以下简称"江阴大桥")自1999年建成通车以来,先后经历了三类主要铺装模式的转变。1999—2003年,钢桥面铺装借鉴英国经验,采用沥青玛蹄脂混凝土(也称浇注式沥青混凝土),但投入使用后不久便出现开裂和车辙等病害。于是,在2004年和2005年对4个车道上层浇注式沥青混凝土进行铣刨,换成环氧沥青混凝土,其中3个车道采用温拌环氧沥青混凝土,1个车道采用热拌环氧沥青混凝土。"下层浇注+上层环氧"的铺装模式有效改善了高温车辙病害,由于环氧和浇注的施工工艺、设备、材料是完全不同的,造成设备增加、工序增多、维修工期增长等不利因素。从2011年开始,江阴大桥主桥面大中修逐步采用双层热拌环氧沥青混凝土。迄今为止,大桥服役状态良好,多年的铺装养护技术在江阴大桥中得到了成功应用。

本蓝皮书围绕江阴大桥钢桥面铺装病害及养护检修工作,系统总结了大桥历年来的钢桥面铺装应用模式,对铺装典型病害的发展趋势进行了归纳分析,在此基础上介绍了当前的钢桥面铺装养护管理现状和未来的研究展望,为江阴大桥标准规范化养护管理工作的提升提供了依据,促进了钢桥面铺装养护由经验处治方式到科学维养方式的转型,同时也对我国在建和规划建设的大跨径钢箱梁桥面铺装体系设计起到了积极的指导作用。

目　录

① 大桥概况

1.1 江阴长江公路大桥

江阴长江公路大桥(以下简称“江阴大桥”)位于长江三角洲地段的中部,是北京至上海国家高速公路(G2)的跨江咽喉工程。大桥于1994年11月开工,1999年9月建成通车。主桥位于长江下游江阴段最窄处,此处江面宽1.4km。南岸位于江阴市西山,上距黄田港约3.2km;北岸在靖江市十圩港下游侧。大桥采用了双塔悬索桥的设计方案,一跨过江,主桥桥跨布置为336.5m+1 385m+309.34m,建设总长为3 071m[1]。江阴大桥桥跨布置形式如图1.1所示。

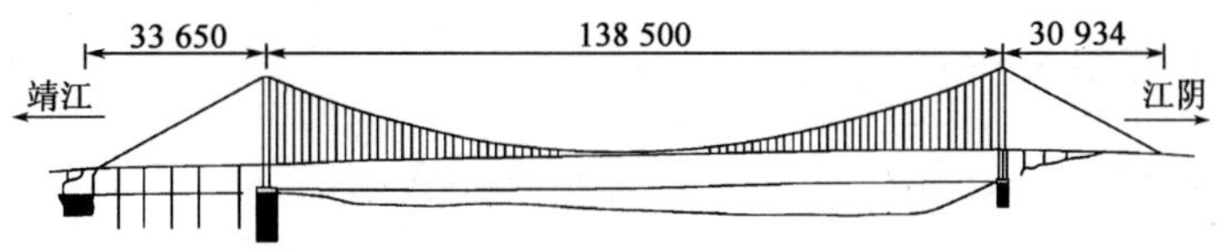

图1.1 江阴大桥桥跨布置(尺寸单位:cm)

主桥由四部分组成:主塔,锚碇(基础和锚体),缆索(主缆、索夹、鞍座、吊索)及主梁(钢箱梁、支座、伸缩缝等)。

主塔:主塔为双柱和三道横梁组成的门式框架结构,主要承受由索鞍传来的竖向荷载以及横向作用。南北塔高度分别为186.85m、183.85m,南北塔桥面以上高度分别为136.16m、143.08m。

锚碇:南锚碇为嵌入式混凝土锚碇,北锚碇为重力式混凝土锚碇。

缆索:主缆采用预制平行索股法编制而成,主跨、边跨的主缆分别由169根、177根索股组成。主缆直径跨中为876mm,边跨为897mm。两主缆中心距32.5m,主缆垂跨比为1:10.5,成桥状态下矢高131.905m。每根索股由127根直径为5.35mm、强度达1 600MPa的高强镀锌钢丝组成。

主梁:主梁为扁平流线型钢箱梁,梁高3m,梁宽36.9m,其中桥面宽29.5m,桥面布置为高速公路标准的双向六车道。钢箱梁为正交异性结构,顶板厚度为12mm,底板厚度为10mm,所用钢材均由英国进口,材质为S235J2G3,相当于我国国内16Mnq钢。江阴大桥钢箱梁横断面如图1.2所示。

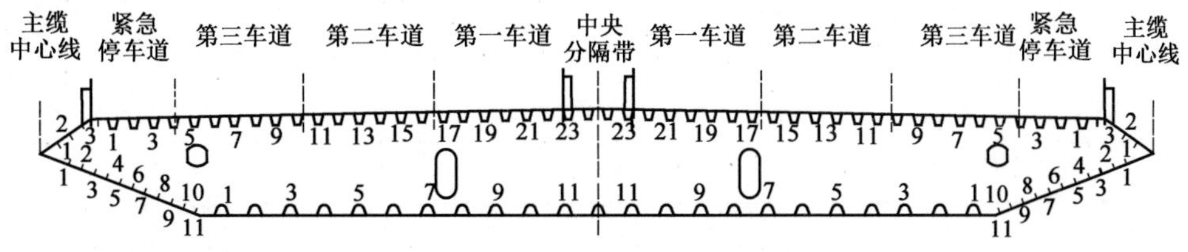

图1.2 江阴大桥钢箱梁横断面图

江阴大桥是我国首座跨度超千米的特大型桥梁,是我国桥梁工程建设的一座里程碑,为我国桥梁史谱写了新的篇章,积累了大量的特大跨径桥梁的设计、建造经验,为后来国内同类型大跨桥梁的建设提供了重要经验。大桥先后荣获了国际桥梁最高奖“尤金·菲戈奖”“中国建筑工程鲁班奖”和“第三届詹天佑土木工程大奖”。

江阴大桥建设时钢桥面铺装采用英国提供的结构方案:设计厚度为50mm的浇注式沥青混凝土铺装体系,钢板由下往上分别为薄层溶剂型黏结剂、3mm橡胶沥青防水层、47mm浇注式沥青混凝土铺装层、表面压入最大粒径不超过14mm的火成岩。铺装由英国Kvaerner Cleveland Bridge(以下简称“KCB”)公司总承包施工,施工自1999年5月8日开始,至当年8月31日结束。

1.2 技术标准

1.2.1 公路等级与设计速度

公路等级为双向六车道高速公路,主桥设计速度100km/h。

1.2.2 抗震设防标准

江阴大桥桥址区的地震基本烈度为6度。大桥按基本烈度为6度设计,按7度设防。

1.2.3 设计荷载

1)恒载

加劲梁恒载包括一期恒载和二期恒载,一期恒载为钢箱梁本体重量,二期恒载为桥面铺装、防撞护栏及灯柱等。加劲梁恒载沿水平轴的集度为18.0t/m。主缆系统恒载(包括吊索、索夹、检修道及缠丝等)沿水平轴的集度为8.6t/m,故主跨沿水平轴恒载总集度为26.6t/m。

2)活载

将《公路桥涵设计通用规范》(JTJ 021—89)中的车队荷载换算为均布荷载,同时结合《江阴长江公路大桥设计补充规程》确定的长大跨径折减系数、偏载系数、车道折减系数和冲击系数等参数,进行活载计算。

3)检算荷载

江阴大桥总体设计中考虑了两种检算荷载,一种是《公路桥涵设计通用规范》(JTJ 021—89)中的挂车—120,另一种为总长23.3m的挂车—300。检算荷载情况见表1.1。

检算荷载 表1.1

车辆类型	荷载集度 q(t/m)	车长 L(m)	偏心距 e(m)	说明
挂车—120	18.75	6.4	3.35	全桥一辆
挂车—300	12.92	23.3	3.55	全桥一辆

4)风荷载

根据《公路桥涵设计通用规范》(JTJ 021—89)基本风压图,江阴大桥位于600Pa等值线,在平坦空旷地面以上20m高处频率为1/100(再现期为百年)的10min平均最大风速为v_{20} = 31.0m/s。

施工阶段风载静力检算时,基本风速采用频率为1/10(再现期为10年)的10min平均最大风速。

$$v_{20}(10\text{年}) = 0.874 \times v_{20}(\text{百年}) = 27.10\text{m/s}$$

构件验算的设计风速:

$$v_{\mathrm{d}} = v_{20} \cdot \left(\frac{H}{20}\right)^{\frac{1}{7}} \cdot \mu$$

式中:H——构件高度;

μ——风速脉动变化修正系数。

进行强度及稳定计算的风荷载遵循《公路桥涵设计通用规范》(JTJ 021—89)和《江阴长江公路大桥设计补充规程》的有关规定。

1.2.4 主桥下通航技术标准

1)设计水位

最高通航水位为+4.99m(黄海高程)。

最低通航水位为-1.02m(黄海高程)。

2)桥下净空尺寸

桥梁净高50m(包括2m富余),净宽380m(双向通航)和220m(单向通航)。

江轮:净高24m,净宽160m。

设计采用通航净空50m+3.5m(预留主梁挠度)。

1.3 自然条件

1.3.1 气温

江阴市位于我国华东,江苏省南部,长江三角洲太湖平原北端,属北亚热带季风性湿润气候,四季分明,冬季阴冷潮湿间有寒流,夏季降雨集中酷热,春季阴湿多雨,秋季干旱。江阴大桥桥址在江阴市与靖江市之间,年平均气温为16.7℃。为了科学合理地决策铺装维修方案和实施时间,对2009年1月1日至2017年12月31日期间江阴市的气温数据进行了统计分析,如图1.3所示。

从图1.3可以看出,江阴市2009年1月至2017年12月底期间的最高气温为40℃,发生在2013年8月;最低气温为-9℃,发生在2016年1月。气温数据导入钢箱梁温度场仿真模型中进行分析,得出江阴大桥钢桥面铺装层的设计工作温度范围为-15~70℃,为铺装病害修复材料的研发和应用提供了工作温度范围。

1.3.2 雨水

据气象资料显示,江阴市年平均降雨量约1 040.7mm。降雨季节分布:春季12%~14%,

夏季60%~70%,秋季17%~19%,冬季3%~5%,如图1.4所示。

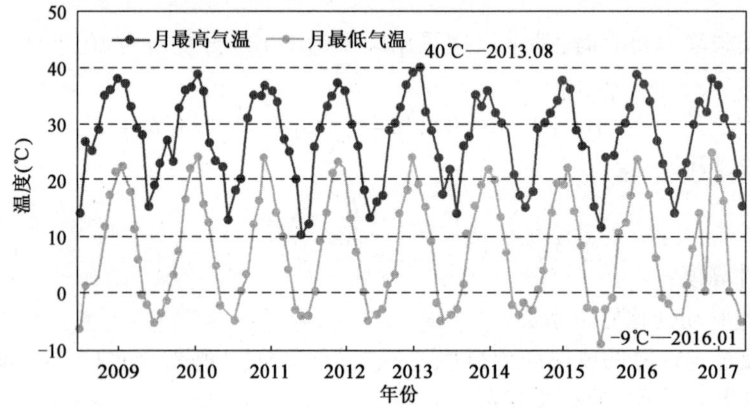

图1.3　2009—2017年江阴市的月最高、最低气温

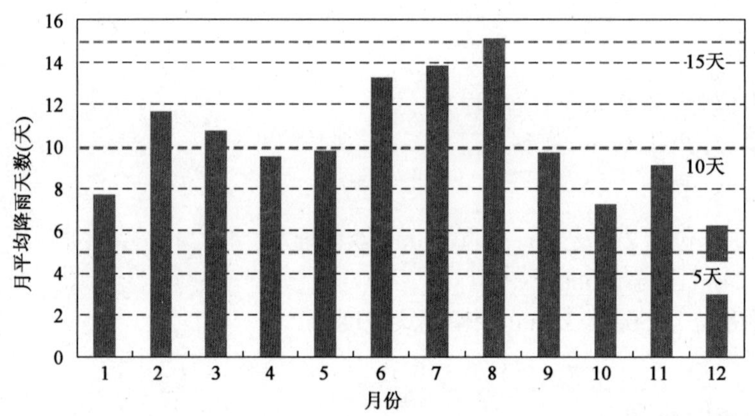

图1.4　2009—2017年江阴市各月平均降雨天数统计

根据图1.4对江阴大桥区域降雨状况的统计分析可知,月平均降雨天数在5天以上的有12个月,在10天以上的有5个月,在15天以上的有1个月,因此桥面铺装材料应具有良好的水稳定性,并且要求桥面铺装体系具有完善的防水结构体系。一般而言,钢桥面铺装宜在夏季高温季节施工,但根据图1.4对江阴市各月降雨天数的统计,该地区高温季节降雨集中(8月平均降雨15.2天),以及“五一”“十一”小长假的影响,导致桥面铺装维修施工的有效工期大为缩短,给施工组织与施工质量控制带来很大难度。

1.4　交通状况

1.4.1　车流量

通过对江阴大桥收费站的车辆统计数据分析,江阴大桥运营18年以来过桥交通流量的增长变化情况如图1.5所示。

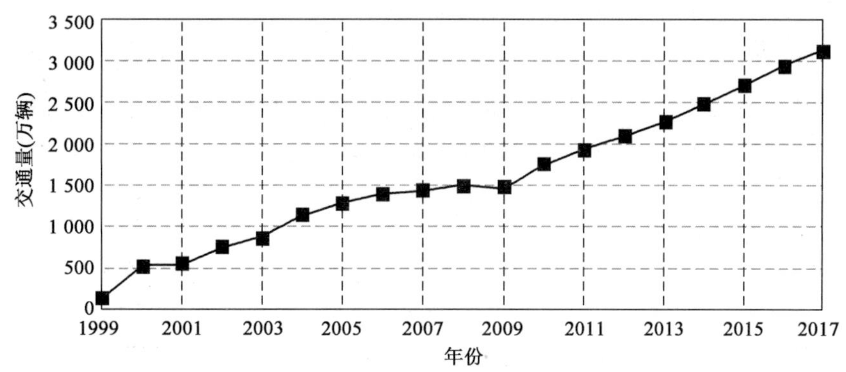

图 1.5 江阴大桥年交通量统计

从图 1.5 来看,江阴大桥的年交通量随着年份的增长总体上呈增长趋势。通车第二年,江阴大桥的年交通量为 500 多万辆,到 2017 年江阴大桥的年交通量超过 3 000 万辆,18 年间年交通量发生了近 6 倍的增长。而且 1999—2009 年期间,年交通量增长较为缓慢,但从 2010 年开始,交通量呈线性增加。照此趋势发展,未来五年内年交通量将分别达到 3 364 万辆、3 576 万辆、3 789 万辆、4 001 万辆、4 214 万辆。

图 1.6 为江阴大桥通车以来的交通量累计变化情况。由图可以看出累计车流量呈近似抛物线增长,2009 年 4 月初累计车流量达 1 亿辆,2014 年 4 月底累计车流量达 2 亿辆,至 2017 年 10 月底达 3 亿辆。江阴大桥累计车流量突破 1 亿、2 亿、3 亿辆分别用了 9.6 年、5 年、3.5 年时间,且在未来一段时间仍应将保持逐渐增长的趋势。交通量的不断增长将会加速桥面板、铺装的损伤累积,造成钢桥面板开裂、铺装层开裂、车辙等病害。

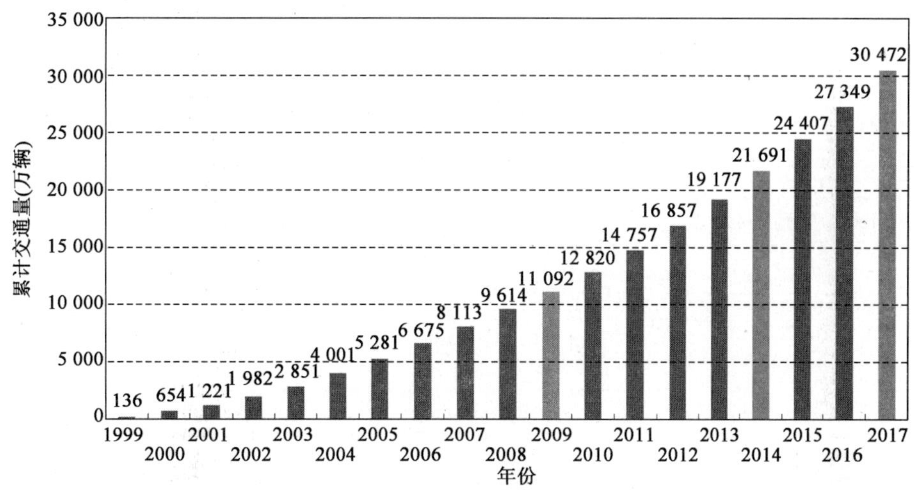

图 1.6 江阴大桥累计年交通量统计

根据桥面主要铺装模式的不同,将 18 年间的铺装历程大致分为 3 个阶段:第一阶段,1999—2003 年年底,单层浇注铺装结构;第二阶段,2004—2010 年年底,下层浇注 + 上层环氧铺装结构;第三阶段,2011 年至今,双层环氧铺装结构。由图 1.6 可以看出,各阶段承载的累计交通量分别为 2 854.609 8 万辆、10 003.807 4 万辆和 17 591.095 7 万辆。

1.4.2 累计轴载

根据高速公路收费车型的划分,在1999—2005年期间通行车辆分为6个类别,即1型、2型、3型、4型、5型和6型,从2006起,采用了新的分类方式,即将通行车辆分为客一、客二、客三、客四和货车5类。为了数据的统一性,在进行标准轴载累计换算时,将两个阶段的分类方式依据表1.2进行了统一。

江阴大桥通行车辆累计轴载换算依据　　表1.2

类　别	客车(座)	货车(t)
第一类	≤7	≤2
第二类	8~19	2~5(含5)
第三类	20~39	5~10(含10)
第四类	≥40	10~15(含15)
第五类	—	>15

参照《江阴长江公路大桥钢桥面铺装实桥对比试验研究(总报告)》(2005年编制)中轴载换算设计原则,根据实际通车车型与车次情况对收集的各类车型交通量数据进行统计,分析标准车轴累计作用次数,其中由于第一类车型在进行轴载换算后累计作用次数很小,故计算时不予考虑。计算得到江阴大桥铺装层在3个铺装阶段下的累计轴载次数,如表1.3~表1.5所示。

1999—2003年间通行重车换算成≥100kN的车轴数　　表1.3

车　型	第二类	第三类	第四类	第五类	累计
各实际车型数(辆)	8 370 736	3 880 487	399 739	27 718	
换算成中型标准车的系数	1	1	1.5	2	
中型标准车交通量(辆)	8 370 736	3 880 487	599 609	55 436	
每种车型≥100kN的重车轴数(次)	1	2	4	2	
汽车重车轴总数(次)	8 370 736	7 760 974	2 398 434	110 872	
假设重型车辆沿四条外车道行驶,则每条车道的重型车辆车轴数(次)	2 092 684	1 940 244	599 609	27 718	
假设70%车辆是满载(车轴数/车道)	1 464 879	1 358 170	419 726	19 403	
假设二分之一车辆轴载集中于一条轮迹带上(车轴数/车道)	732 439	679 085	209 863	9 701	
第二类车不考虑超载,第三类、第四类和第五类车分别按18%、31%和72%超载量计算换算,系数为(超载重/正常重)^4(次)	732 439	1 316 610	618 046	84 907	2 752 003

2004—2010 年间通行重车换算成≥100kN 的车轴数 表 1.4

车　　型	第二类	第三类	第四类	第五类	累计
各实际车型数(辆)	17 326 300	18 050 448	9 794 723	117 770	
换算成中型标准车的系数	1	1	1.5	2	
中型标准车交通量(辆)	17 326 300	18 050 448	14 692 085	235 540	
每种车型≥100kN 的重车轴数(次)	1	2	4	2	
汽车重车轴总数(次)	17 326 300	36 100 896	58 768 338	471 080	
假设重型车辆沿四条外车道行驶,则每条车道的重型车辆车轴数(次)	4 331 575	9 025 224	14 692 085	117 770	
假设 70% 车辆是满载(车轴数/车道)	3 032 103	6 317 657	10 284 459	82 439	
假设二分之一车辆轴载集中于一条轮迹带上(车轴数/车道)	1 516 051	3 158 828	5 142 230	41 220	
第二类车不考虑超载,第三类、第四类和第五类车分别按 18%、31% 和 72% 超载量计算换算,系数为(超载重/正常重)^4(次)	1 516 051	6 124 337	15 143 866	360 757	23 145 011

2011—2017 年间通行重车换算成≥100kN 的车轴数 表 1.5

车　　型	第二类	第三类	第四类	第五类	累计
各实际车型数(辆)	16 072 314	12 222 667	24 888 789	199 175	
换算成中型标准车的系数	1	1	1.5	2	
中型标准车交通量(辆)	16 072 314	12 222 667	37 333 184	398 350	
每种车型≥100kN 的重车轴数(次)	1	2	4	2	
汽车重车轴总数(次)	16 072 314	24 445 334	149 332 734	796 700	
假设重型车辆沿四条外车道行驶,则每条车道的重型车辆车轴数(次)	4 018 079	6 111 334	37 333 184	199 175	
假设 70% 车辆是满载(车轴数/车道)	2 812 655	4 277 933	26 133 228	139 423	
假设二分之一车辆轴载集中于一条轮迹带上(车轴数/车道)	1 406 327	2 138 967	13 066 614	69 711	
第二类车不考虑超载,第三类、第四类和第五类车分别按 18%、31% 和 72% 超载量计算换算,系数为(超载重/正常重)^4(次)	1 406 327	4 147 029	38 481 179	610 120	44 644 655

结合上述3个表格可以看出,18年间江阴大桥的累计轴载作用次数为70 541 669次,已经远远超过最初设计的1 200万次的设计轴载次数。而且,每一种铺装模式所承受的累计轴载次数有明显区别,“单层浇注”铺装结构在服役期间的累计轴载作用次数为2 752 003次,“下层浇注+上层环氧”铺装结构为23 145 011次,“双层环氧”铺装结构为44 644 655次,且仍正常服役。

② 大桥钢桥面铺装探索历程

江阴大桥18年的铺装服役历程中,选择适合江阴大桥结构、环境、车流的铺装模式并非是一蹴而就的事情[2-5]。18年间先后进行了湖沥青改性浇注式沥青混凝土、改进型浇注式沥青混凝土、温拌型环氧沥青混凝土、热拌型环氧沥青混凝土、重交通钢桥面聚合物改性沥青浇注式沥青混凝土、反应性树脂混凝土、纤维增强复合材料(FRP)、高强沥青混凝土等多种主要铺装材料和结构的研究[6-9],历经了单层同质、双层同质与双层异质不同结构的铺装形式,并在主桥由北向南第三车道上做了十几段实桥试验段进行验证。经过10余年的探索实践,2011年后形成双层热拌型环氧沥青混凝土作为江阴大桥主桥面维修的主要结构形式。

2.1 浇注式沥青混凝土

江阴大桥钢桥面最初采用英国人设计的厚度为50mm的浇注式沥青混凝土铺装体系,由英国KCB公司总承包施工,英国Anderson沥青有限公司分包钢桥面沥青铺装层施工,自1999年5月8日开始,至当年8月31日结束,并于1999年9月28日正式运营通车。

2.1.1 铺装方案

钢桥面铺装层结构如图2.1所示。在钢桥面板上,用浇注式沥青混凝土一次铺筑50mm厚的铺装层(即沥青玛蹄脂MA),表面撒铺预拌沥青石屑,碾压成形,以保证表面足够的粗糙度。涂有防护漆的钢桥面板表面预先用黏结底层和橡胶沥青底层处理。自上而下各层位结构层的名称、材料、厚度等如表2.1所示。

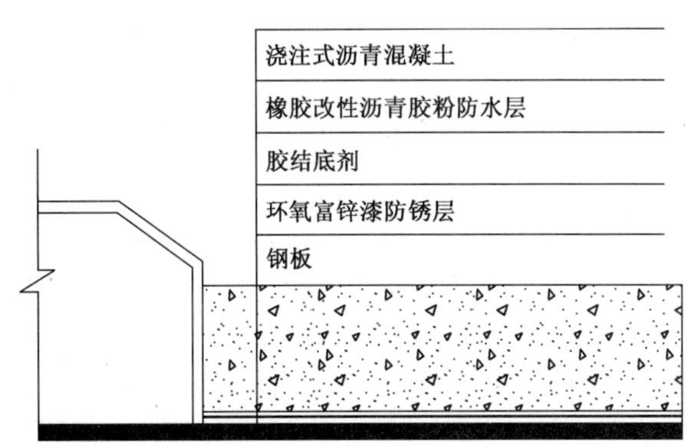

图2.1 浇注式沥青混凝土铺装结构示意图

2.1.2 原材料性能

特立尼达湖沥青(TLA)基本性能试验结果见表2.2。

桥面铺装层结构组合　　表2.1

层位	中文名称	英文名称	厚度	特点
1	预拌沥青石屑	Coated Chippings	不计	d_m 为14mm的均匀粒径材料
2	浇注式沥青混凝土	Guss Asphalt Concrete	50mm	采用TLA沥青与60/70普通沥青混合 d_m 为14mm级配集料
3	橡胶沥青底层	Rubberised Bitumen Underlay	1.5~3mm	采用预拌橡胶沥青、矿粉
4	黏结底层	Adhesive Primer	不计	可溶性橡胶沥青
5	防护层	Protective Primer	100μm	环氧富锌漆
6	桥面钢板	Steel Deck	12mm	钢板由U形纵肋支承

特立尼达湖沥青(TLA)性能试验结果　　表2.2

试验指标	试验结果	试验方法
针入度25℃(0.1mm)	0	T0604—93
延度15℃(cm)	0	T0605—93
软化点(℃)	95	T0606—93
矿质(灰分)含量(%)	30	T0614—93
气体含量(%)	1.4	自定
溶解度(%)	52.1	T0607—93

普通石油沥青(B)基本性能试验结果见表2.3。

普通石油沥青(B)性能试验结果　　表2.3

试验指标		试验结果	技术要求(AH-70)	试验方法
针入度25℃(0.1mm)		67	60~80	T0604—93
延度15℃(cm)		>100	>100	T0605—93
软化点(℃)		51	44~54	T0606—93
薄膜烘箱加热163℃后	针入度比(%)	70	>55	T0604—93
	延度15℃(cm)	>100	>50	T0605—93

浇注式沥青混凝土所用粗集料(CA)的级配分布和材料特性跟踪性验证试验结果列于表2.4和表2.5。

粗集料(CA)颗粒级配分布验证　　表2.4

筛孔尺寸(mm)	通过率(%)	
	A	B
14.0	100	100
10.0	84.8	100
6.3	1.2	98.9

续上表

筛孔尺寸(mm)	通过率(%)	
	A	B
5.0	0.3	82.4
3.35	0.1	12.8
<3.35	0	0

粗集料(CA)材料特性验证 表2.5

试验指标	试验结果	试验方法	技术要求
石料压碎值(%)	11.6	T0316—94	<28
磨耗损失(%)	13.1	T0317—94	<30
视密度(g/cm^3)	2.976	T0304—94	>2.5
吸水率(%)	0.67	T0307—94	<2.0
针片状含量(%)	14.5	T0311—94	<15

浇注式沥青混凝土中细集料(FA)的级配分布和材料特性跟踪验证性试验结果列于表2.6、表2.7。

细集料(FA)颗粒级配分布验证 表2.6

筛孔尺寸(mm)	分级含量(%)
>2.36	0.1
2.36~0.60	13.6
0.60~0.30	13.5
0.30~0.075	23.2
<0.075	49.6

细集料(FA)材料特性验证 表2.7

试验指标	试验结果	试验方法
视密度(g/cm^3)	2.61	T0304—94

2.1.3 关键技术指标

1)车辙试验

车辙试验的试样直接取自施工现场试验桥的桥面,连同底面钢板一并切割取样。试验结果列于表2.8。

车辙试验结果 表2.8

试样编号	动稳定度(次/mm)	平均值(次/mm)
1	299	303
2	306	

2)马歇尔稳定度试验

在180～200℃温度条件下制作试件，在60℃恒温水浴中保温，按规定方法进行试验。残留稳定度试验将试件在60℃恒温水浴中浸泡48h后，按规定方法进行试验。试验结果如表2.9所示。

马歇尔稳定度和残留稳定度试验结果　　表2.9

项目	编号	密度(g/cm^3)		孔隙率(%)		稳定度(kN)		流值(0.1mm)		马歇尔模数(kN/mm)
		量测值	均值	量测值	均值	量测值	均值	量测值	均值	
马歇尔试验	1	2.445	2.455	1.9	1.93	10.42	9.82	80	80	1.23
	2	2.456		1.9		8.47		78		
	3	2.454		2		10.58		82		
浸水马歇尔试验	1	2.428	2.434	2.6	2.36	10.11	10.96	90	90	1.22
	2	2.443		2		11.29		90		
	3	2.43		2.5		11.29		90		
残留稳定度(%)		1.12								

3)劈裂试验

劈裂试验所用试件配料和成型制作与马歇尔试验相同。试验在-10℃和15℃两种温度条件下进行。在-10℃条件下试验的加载速率取15mm/min，泊松系数取值0.25；在15℃条件下试验的加载速率取50mm/min，泊松系数取值0.35。劈裂试验结果列于表2.10。

劈裂试验结果　　表2.10

试验温度(℃)	试验编号	垂直变形(mm)	水平变形(mm)	最大荷载(kN)	劈裂抗拉强度(MPa)		劲度模量(MPa)	
					量测值	均值	量测值	均值
15	1	4.00	0.638 8	38.0	3.652	3.888	518.377	535.012
	2	4.25	0.678 7	40.4	3.951		527.734	
	3	4.65	0.742 6	38.3	3.728		455.142	
	4	3.75	0.598 9	43.8	4.220		638.795	
-10	1	2.25	0.327 5	43.8	4.236	4.241	1 069.858	840.458
	2	2.60	0.378 4	43.0	4.192		916.116	
	3	3.35	0.516 8	45.0	4.403		704.789	
	4	3.50	0.509 5	42.5	4.134		671.069	

4)单轴压缩试验

单轴压缩试验试样尺寸为ϕ100mm±2mm、高100mm±2mm，试验温度为20℃。试验配料、制作与马歇尔试验相同。试验结果如表2.11所示。

5)线收缩系数试验

线收缩系数试验的试样在工地试验实桥现场割取，尺寸为(200mm±2mm)×(20mm±1mm)×(20mm±1mm)。根据江阴大桥当地自然环境条件，极端最低温度为-14.2℃，决定试验温度区间采用10～－15℃，间隔5℃为一量测区间。试验结果如表2.12所示。

单轴压缩试验结果　表2.11

试件编号	密度(g/cm^3)		空隙率(%)		破坏荷载(kN)		抗压强度(MPa)	
	量测值	均值	量测值	均值	量测值	均值	量测值	均值
1	2.457	2.449	1.5	1.77	56	51.33	7.13	6.54
2	2.425		2.7		48		6.11	
3	2.466		1.1		50		6.37	

线收缩系数试验结果　表2.12

温度间隔(℃)	试件1号			试件2号		
	变形(0.001mm)	应变(10^{-3})	系数C(10^{-6}/℃)	变形(0.001mm)	应变(10^{-3})	系数C(10^{-6}/℃)
10～5	53.5	0.267	53.4	50.5	0.253	50.6
5～0	54.5	0.273	54.8	43	0.215	43
0～－5	22.5	0.113	22.6	19.5	0.098	19.6
－5～－10	15.5	0.077	15.4	28	0.14	28
－10～－15	20	0.1	20	17	0.085	17
10～－15	166	0.83	33.2	158	0.791	31.6

10～－15℃平均收缩系数：

$$C_1=\frac{33.2\times10^{-6}+31.6\times10^{-6}}{2}=32.4\times10^{-6}/℃$$

0～－15℃平均收缩系数：

$$C_2=20.4\times10^{-6}/℃$$

6）小梁抗折试验

小梁抗折试验直接在施工现场试验桥桥面上切割后制作，钢板厚10mm，沥青铺砌厚50mm，小梁长度55cm，小梁宽度15cm。采用三分点加载进行抗折试验，试验温度为35℃。试验结果如表2.13所示。

小梁抗折试验结果　表2.13

试件编号	高度(mm)				极限荷载(kN)	备注
	1	2	3	4		
1	59	62	60	61	44	—
2	51	51	52	49	32	—
3	50	50	50	52	36	—
4	56	58	57	50	18.5	已有裂缝
5	52	52	50	51	31.5	—

7）疲劳试验

疲劳试验的试件形态和试件制作均与抗折试验所用试件形同。疲劳试验主要以常温条件下的工作状态为主,取试验温度为15℃,也进行30℃环境下的试验。试验荷载取极限荷载的四分之一进行试验,即8kN。试验结果如表2.14所示。

小梁疲劳试验结果 表2.14

试件编号	温度(℃)	荷载(kN)	作用次数(万次)	备注
1	15	8	41.96	—
2	15	8	32.15	—
3	15	8	45.58	—
4	15	8	50.29	—
5	30	8	>100	未发现裂缝

用材料力学复合材料组合梁纯弯曲的计算方法可算得疲劳荷载应力为3.09MPa,15℃时疲劳作用次数(均值)为42.49万次,30℃时疲劳作用次数为无限。

通过上述多方面的试验结果,对浇注式沥青混合料的路用性能,可以归纳为以下几点:①具有较高的密实度和较小的空隙率;②在常温条件下具有较高的强度和较低的劲度模量;③低温条件下具有较高的强度、较低的劲度模量和较小的温度收缩系数;④具有良好的抗疲劳性能;⑤具有良好的水稳定性;⑥具有良好的耐久性。

但就浇注式沥青混合料高温性能方面,中国专家与英国专家持不同意见。英国专家以英国的试验结果与评价标准做了详细分析,认为所有指标都能达到要求,能满足-15~70℃温度范围内正常工作。而中国专家认为英国标准适用于英国情况,并不能全部适用于江阴大桥所处的自然环境。另外,虽然中国还没有适用于浇注式沥青桥面铺装层的规范与标准,但至少应达到中国高速公路的基本标准。因此,课题研究组认为,从今后交通发展和大桥建设需求来看,中国若是采用浇注式沥青玛蹄脂铺筑桥面铺装层,对高温稳定性的要求和标准不能只停留在英国的标准,应该进一步研究。在保持浇注式沥青玛蹄脂各种优良性能的同时,根据中国的实际情况,探讨提高高温稳定性的技术途径和标准。

2.1.4 应用效果评价

通车后不久,2000年2月29日在西侧第三车道与第二车道间、第二车道与第一车道间标志线部分发现了少量纵向裂缝(最大长度2.7m);于2000年入夏后高温季节,在大桥西侧(靖江—江阴方向)由北向南的第三车道上坡路段,浇注式铺装层出现明显塑性变形,深度5~8mm,长度约200m,有形成车辙的趋势。到2000年年底春运期间,在相同路段,发现辙槽中间出现纵向裂缝(长度0.5~2m,宽度1~3mm),横隔梁顶部的纵缝之间出现少量的横向裂缝(长度0.2~0.3m)。2001年夏季,裂缝发展较为严重,但裂缝宽度较小,铺装层仍能维持正常使用。2002年年底,主梁部分梁段的钢桥面铺装开始出现加速破坏的迹象,裂缝长度与宽度均增长较快,部分横向裂缝已贯穿第三车道并向第二车道与第一车道延伸,纵向裂缝已有两条平行的裂缝发展成鱼骨形状,并且局部新维修的铺装层也在短时间内迅速破坏。2003年8月至9月,公司委托香港安达臣公司对全桥行车道位置全部铣刨原浇注式沥青混凝土,重新摊铺浇注式沥青混凝土的大修。

2.2 改进型浇注式沥青混凝土

江阴大桥原有浇注式沥青混凝土铺装结构由于高温稳定性不足,在通车运营3年之后铺装层车辙、裂缝病害严重,已严重影响车辆的正常通行。于是在2003年,江苏扬子大桥股份有限公司委托香港安达臣公司对桥面铺装层进行大修,趁此机会,香港安达臣公司采用改进型浇注式沥青混凝土铺筑了3条试验段,均为厚50cm的单层结构。

2.2.1 铺装方案

方案Ⅰ与Ⅱ的长度均为75m,设置在上游(根据行车方向将桥面分为上游和下游,靖江—江阴方向为上游,江阴—靖江方向为下游)的第三车道上,方案Ⅲ的长度为30m,设置在下游慢车道75°吊索与78°吊索之间。为实现不同厚度的铺装试验段表面平缓过渡,在改进型浇注式沥青混凝土试验段与环氧沥青试验段之间设置一厚度自50mm向60mm渐变的试验段,其铺装方案为双层沥青玛蹄脂,而铺装材料的配比与原配比相同,该试验段的长度为18m。改进型浇注式沥青混凝土试验段的位置及平面布置详图如图2.2所示。

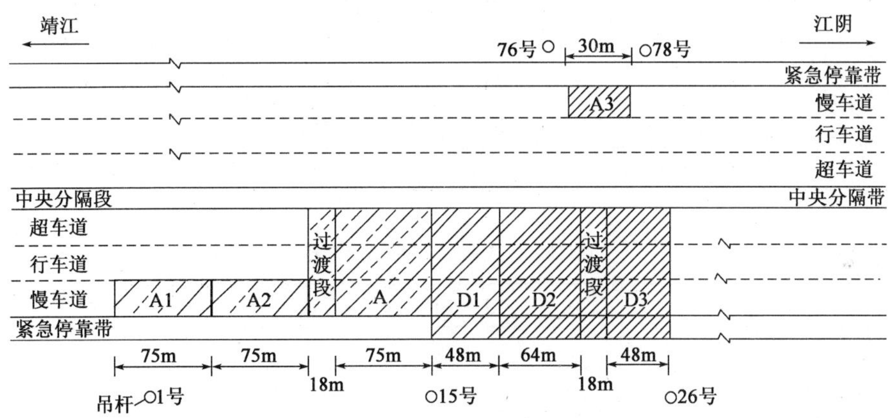

图2.2 实桥试验段结构设计与平面布置图

A1-改性沥青玛蹄脂Ⅰ试验段;A2-改性沥青玛蹄脂Ⅱ试验段;A3-改性沥青玛蹄脂Ⅲ试验段;A-原配比加厚沥青玛蹄脂试验段;D1-环氧沥青方案Ⅰ试验段;D2-环氧沥青方案Ⅱ试验段;D3-环氧沥青方案Ⅲ试验段

2.2.2 原材料性能

对三种试验段方案中采用的湖沥青、基质沥青和集料的基本性能指标测试如表2.15~表2.17所示。

TLA 湖沥青性能试验结果 表2.15

试验指标	试验结果	技术要求	试验方法
密度(25℃,g/cm^3)	1.39	1.39~1.44	T0603—93
软化点(℃)	96	93~99	T0606—93

续上表

试 验 指 标	试 验 结 果	技 术 要 求	试 验 方 法
针入度(25℃,mm)	1	2±2	T0604—93
热损失(163℃,%)	0.28	≤2	T0610—93
溶解度(%)	53.8	52~55	T0607—93
矿物质含量(%)	36.24	35~39	T0614—93

壳牌基质沥青性能试验结果 表2.16

试 验 指 标		试验结果	技术要求	试 验 方 法
密度(25℃,g/cm³)		1.027	1.01~1.06	ASTM D 70
针入度(25℃,mm)		67	60~80	ASTM D 5
软化点(℃)		48.0	45 54	ASTM D 36
延度(25℃,cm)		>150	>150	ASTM D 113
延度(15℃,cm)		>150	>100	ASTM D 113
溶解度(三氯乙烯,%)		99.9	>99	ASTM D 2042
闪点(COC,℃)		342	≥275	ASTM D 92
含蜡量(%)		1.8	≤2	DIN52015
薄膜烘箱试验(163℃,5h)	质量损失(%)	0.1	≤0.8	ASTM D 1754
	针入度比(%)	70	≥55	ASTM D1754 D5
	延度(25℃,cm)	>150	>100	ASTM D 1754 D113

集料(玄武岩)常规试验结果 表2.17

试 验 指 标	9.5~4.75mm	技 术 要 求
视密度(g/cm³)	2.990	≥2.60
吸水率(%)	0.7	≤2.5
细长扁平颗粒含量(%)	6.3	≤13
粗集料<0.075 颗粒含量(%)	0.7	≤1.0
对沥青的黏附性(级)(重交通沥青 AH-7)	4	≥4

2.2.3 应用效果评价

实桥对比试验的研究结果表明,改进型浇注式沥青混凝土方案实际使用性能表现理想,具有较好的高温抗车辙性能和低温抗开裂性能,能较好地满足江阴大桥现实环境的需要,因此可以将其作为研发新型浇注式沥青混凝土的基础,在保持浇注式沥青高密实性、长耐久性以及对钢桥面板的优良追从性等的前提下,研发满足适应我国特有的重载、超载交通和夏季持续高温气候的新型混凝土是可以实现的。

2.3 温拌环氧沥青混凝土

2001 年 3 月,采用双层温拌环氧沥青混凝土铺装的南京长江第二大桥(以下简称“南京二桥”)通车运营,服役以来性能表现优异[10-13]。于是在 2003 年,公司委托香港安达臣公司对江阴大桥铺装层进行大修和铺筑试验段的同时,决定借鉴南京二桥的成功经验,委托东南大学桥面铺装课题组采用温拌环氧沥青也进行 3 条试验段的铺筑。

2.3.1 铺装方案

由于试验段的选择需要具有代表性,根据大桥桥面损坏的情况,决定将试验段选在西半幅大桥北端上坡路段,东南大学共做了 3 种方案。试验段布设在江阴大桥上游 15 号吊索至 26 号吊索共 176m 的 3 条行车道加紧急停靠带。铺装方案的结构详见表 2.18 与图 2.3,各试验段的位置与平面布置如图 2.2 所示。

江阴大桥桥面铺装环氧沥青和浇注式沥青试验段方案 表 2.18

项目	总厚度(cm)	下　层	上　层	铺装结构示意图
方案一	6.0	30mm 环氧沥青混凝土	30mm 环氧沥青混凝土	图 2.3a)
方案二	6.0	25mm 浇注式沥青混凝土	35mm 环氧沥青混凝土	图 2.3b)
方案三	5.0	25mm 环氧沥青混凝土	25mm 环氧沥青混凝土	图 2.3c)

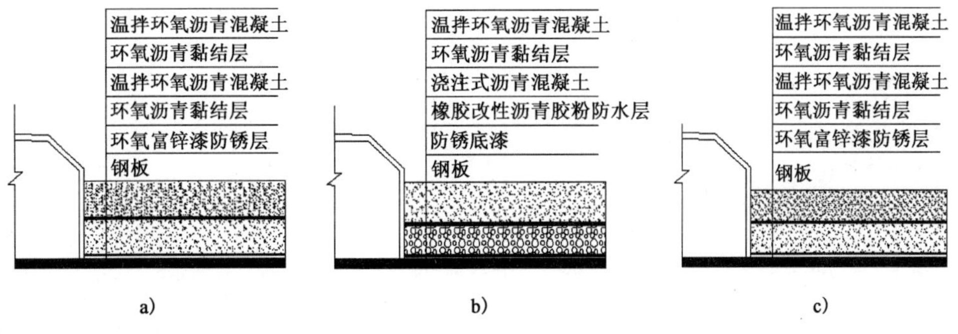

图 2.3 江阴大桥修复试验段铺装方案示意图

2.3.2 原材料性能

2.3.2.1 环氧沥青

为了寻求适合江阴大桥钢桥面铺装实桥对比试验方案的原材料,由课题组提供相应技术指标,联合材料生产商对环氧沥青的配方进行了调整,共得到 3 种不同配方的环氧沥青,编号为 EA、EB、EC。课题组通过环氧沥青胶片的直接拉伸试验、环氧沥青的低温极限弯曲试验、环氧沥青复合梁的疲劳试验等对比分析了三种环氧沥青的性能差异。

1)直接拉伸试验

直接拉伸试验在高精度拉力仪上进行,试验温度为20℃,试验加载速率为500mm/min ±5mm/min。实测三种环氧沥青的拉伸试验结果见表2.19。

三种环氧沥青的拉伸试验结果　　表2.19

环氧沥青类型	断裂延伸率(%)	拉伸强度(MPa)
EA	258	3.1
EB	252	1.7
EC	223	2.0

由表2.19可见,EA型环氧沥青与EB型环氧沥青常温时的极限抗变形能力基本相当,但前者的拉伸强度则几乎为后者的2倍。EC型环氧沥青的拉伸强度较EB型有所提高,而其常温时的极限抗变形能力则均高于其他两种类型的环氧沥青。

2)弯曲试验

弯曲试验按我国《公路工程沥青及沥青混合料试验规程》(JTJ 052—2000)中的相关方法在MTS810(Material Test System 810)多功能材料试验系统上进行,试验温度为-15℃,试验加载速率为1mm/min。三种环氧沥青混合料的低温弯曲试验结果见表2.20。

三种环氧沥青混合料的低温极限弯曲试验结果　　表2.20

环氧沥青类型		试件尺寸		破坏荷载(N)	断裂挠度(mm)	弯曲强度(MPa)	极限应变(10^{-3})	劲度模量(MPa)
		宽度(mm)	高度(mm)					
EA	1	30.7	35.3	3 279	0.401	29.243	2.12	13 794
	2	30.7	35.2	4 287	0.389	33.810	2.05	16 461
	3	30.7	35.8	3 454	0.385	26.335	2.07	12 722
	4	30.8	35.1	3 877	0.396	30.652	2.08	14 736
EB	1	31.0	35.4	4 139	0.506	31.963	2.69	11 896
	2	30.8	35.5	4 194	0.458	32.415	2.44	13 291
	3	30.6	35.5	4 353	0.455	33.863	2.42	13 977
EC	1	30.4	31.2	3 169	0.508	32.127	2.38	13 513
	2	30.2	32.1	2 906	0.466	28.014	2.24	12 490
	3	30.5	34.2	3 284	0.525	27.617	2.69	10 260
	4	30.6	34.4	3 175	0.565	26.303	2.92	9 015
	5	30.1	34.1	3 258	0.688	27.024	3.52	7 681

由表2.20可见,三种环氧沥青混合料的低温弯曲强度均高达30MPa,远大于其他类型的沥青混合料,而低温弯曲应变则存在一定的差别。EC型环氧沥青的低温极限弯曲应变最大,EB型次之,EA型最小,但仍满足低温弯曲应变应大于2.0×10^{-3}的技术要求。

3)疲劳试验

复合梁钢板的材质、厚度以及钢板的防腐涂装均与江阴大桥的钢桥面板一致。试件的制作按"环氧沥青黏结层→环氧沥青混合料下层→环氧沥青黏结层→环氧沥青混合料上层"的顺序进行,复合梁铺装的厚度为55~60mm。试验荷载为无间歇正弦波,荷载频率为10Hz,试验温度为20℃。复合梁疲劳试验结果见表2.21。

三种环氧沥青混合料的复合梁疲劳试验结果　　表2.21

环氧沥青类型	试件厚度[①](mm)	空隙率(%)	疲劳寿命(万次)	备　注
EA	62.5	2.7	1 100	跨中开裂
EB	65.0	3.4	800	跨中开裂
EC	62.1	3.2	554	跨中开裂

注:①试件厚度为复合梁铺装与钢板总厚度。

由表2.21可见,三种环氧沥青混合料的复合梁疲劳寿命存在较大差异,EA型环氧沥青的疲劳寿命最长,EB型环氧沥青混合料次之,EC型环氧沥青混合料的疲劳寿命均为最低。值得注意的是,复合梁的疲劳寿命不仅与沥青混合料铺装及黏结层的性能密切相关,试验时复合梁四点支座是否处在同一平面上及复合梁钢板材料与厚度等因素也对试验结果产生显著影响,因此复合梁疲劳试验过程中必须充分考虑这些因素,并尽可能使其保持一致的水平。

经综合考虑,推荐采用EA型环氧沥青作为对比试验的材料。

2.3.2.2　浇注式沥青

对江阴大桥钢桥面铺装的最新评估结果表明,江阴大桥现有钢桥面铺装的可利用程度不高,因此课题组及时调整了室内试验方案,增加了对新型浇注式沥青混合料的试验研究,研究目标主要为选择合适的沥青结合料并在此基础上确定矿料的合理级配。根据课题组已有的经验,浇注式沥青混合料用结合料在三种结合料之间比较。第一种、第二种均为壳牌SBS改性沥青克裂王(Cariphalt)与一定掺量的北美天然湖沥青(Trinidad Lake Asphalt)混合配制而成,分别编号为GA与GB;第三种为德国BP石油公司的浇注式沥青混合料用改性沥青NV25,编号为GC。比选依据刘埃尔流动度试验、贯入量试验与低温极限弯曲试验进行。相同级配条件下,由三种不同结合料所制备的浇注式沥青混合料的各项试验结果见表2.22。可以看到,GA的黏结强度最大,劲度模量最小,因此其黏结性能和低温性能较其余两种结合料要更加优异,故选择GA作为浇注式沥青结合料。

浇注式沥青结合料的比选试验结果　　表2.22

试验名称	试验指标	GA	GB	GC
刘埃尔流动度试验	流动度(s)	16	32	18
贯入量试验	贯入量(mm)	0.29	0.65	0.47
弯曲试验	弯曲强度(MPa)	11.01	11.21	12.71
	极限应变(10^{-3})	1.80	1.30	1.54
	劲度模量(MPa)	6 183	8 631	8 404
拉拔试验	黏结强度(MPa)	2.27	2.03	1.45

2.3.3　关键技术指标

对环氧沥青混合料和浇注式沥青混合料不同组合方案的高温性能、低温性能和疲劳性能进行试验研究,其技术指标汇总于表2.23。

修复结构方案的比选结果汇总　　表2.23

试验指标	技术要求	铺装结构			
		厚度(cm)	EP + EP	EP + GU①	GU②
动稳定度(次/mm)	>3 000	5	10 500	9 000	303
		6	12 600	10 500	
车辙深度(mm)	<6	5	0.35	0.47	4.9
		6	0.38	0.31	
极限弯曲应变(10^{-3})	<2.0	5	2.05 ~ 2.12	3.1 ~ 5.3	—
		6	2.05 ~ 2.12	5.3 ~ 6.1	
黏结强度(MPa)	>2.75	5	3.87 ~ 4.20	2.14 ~ 3.96	0.71 ~ 1.28
		6	3.87 ~ 4.20	2.14 ~ 3.96	
疲劳寿命(万次)	>1 200	5	118 ~ 1 100	220	64 ~ 156
		6	>1 200	280	

注:①EP指环氧沥青混合料,GU指浇注式沥青混合料。
②该浇注式沥青混合料指江阴大桥原有铺装材料,部分数据来源于《江阴长江公路大桥桥面铺装材料与结构》(研究技术报告)。

由表2.23可见,两种不同厚度的双层环氧沥青混合料的疲劳性能相差较大,而两种不同厚度的"浇注 + 环氧"铺装结构的各试验指标的实测结果相差不大,表明铺装总厚度对"浇注 + 环氧"铺装结构整体性能的影响并不显著。"浇注 + 环氧"铺装结构各试验指标的实测结果高于江阴大桥原有铺装混合料相应指标的实测结果,表明采用环氧沥青混合料对原有铺装进行修复可以使铺装结构的整体性能得到较大程度的改善。

根据各类修复方案的性能指标,研究选取"下层浇注25mm + 上层温拌环氧35mm""下层温拌环氧25mm + 上层温拌环氧25mm"和"下层温拌环氧30mm + 上层温拌环氧30mm"三种铺装结构作为江阴大桥桥面铺装实桥对比试验段方案。

2.3.4 应用效果评价

实桥试验段自2003年10月起开放交通,一直应用至2008年才进行维修。课题组先后多次对试验段的表面状况尤其是铺装层表面的开裂状况、车辙状况、环氧沥青混凝土铺装的摩擦系数与平整度进行检查与测试。

1)铺装层的车辙检测

经过两年来的使用,采用原配比浇注式沥青混凝土的铺装,其表面已出现相当显著的槽辙,采用改进型浇注式沥青混凝土铺装其表面也存在一定程度的车辙,而环氧沥青混凝土表面未出现车辙。

2)摩擦系数与平整度的检测

试验段铺装完成后至2005年10月,东南大学桥面铺装课题组先后两次对试验段的环氧沥青混凝土的摩擦系数与平整度进行检测,摩擦系数采用摆式仪测定,平整度采用3m直尺测试,检测方法参见《公路路基路面现场测试规程》(JTJ 059—95),测试结果分别见表2.24与表2.25。

环氧沥青混凝土试验段铺装摩擦系数测定结果　　表2.24

检 测 位 置	初期(BPN)	通车1年后(BPN)	技术要求(BPN)
靖江—江阴外幅上层	55	52	≥45
靖江—江阴中幅上层	48	49	
靖江—江阴内幅上层	48	48	
平均值	51	50	

环氧沥青混凝土试验段铺装平整度测定结果　　表2.25

检 测 位 置	纵向平整度(mm)	横向平整度(mm)	技术要求(mm)
靖江—江阴外幅上层	2.4	2.3	≤2.5
靖江—江阴中幅上层	0.2	0.7	
靖江—江阴内幅上层	0.2	0.5	

我国高速公路沥青路面的摩擦系数的要求为不低于45BPN。由表2.23检测结果可知,温拌环氧沥青混凝土桥面铺装试验段满足高速公路对行车摩擦系数的要求,同时铺装层表面的平整度也在允许要求的范围之内。

2.4 热拌环氧沥青混凝土

通过6个试验段方案的跟踪观测,发现环氧沥青混凝土铺装材料是当时较为适宜于江阴大桥钢桥面铺装工程的,于是2005年公司决定对病害严重的下游第二车道进行铣刨维修。为了探索具有更好施工便捷性的铺装结构方案,采用二阶反应性环氧树脂黏结层+热拌环氧沥青混凝土进行维修施工,形成了“下层浇注+上层热拌环氧”的铺装结构。

2.4.1 铺装方案

“下层浇注+上层热拌环氧”铺装结构以浇注式沥青混凝土作为桥面板保护层,以疲劳性能优异的环氧沥青混凝土作为上面层来提供路用性能。浇注式沥青混凝土对钢板的变形追从性较好,并且其模量比环氧沥青混合料低,因此浇注式沥青混凝土相当于一个应力吸收层,有利于降低铺装表面应变。其铺装体系组成为:防锈底漆、甲基丙烯酸树脂或者0.4L/m^{2}二阶环氧树脂反应型黏层、浇注式沥青混凝土铺装下层、环氧树脂黏结层、热拌环氧沥青混凝土铺装上层,如图2.4所示。

2.4.2 原材料性能

环氧沥青结合料采用环氧树脂改性剂与掺配沥青按照50:50的质量比例混合而成,其中掺配沥青选用壳牌70号基质沥青,性能试验结果如表2.26所示;环氧树脂改性剂由环氧树脂和硬化剂按照56:44的质量比例混合而成,其性能试验结果分别如表2.27和表2.28所示,环氧树脂改性剂和环氧树脂改性沥青的性能试验结果分别如表2.29和表2.30所示。

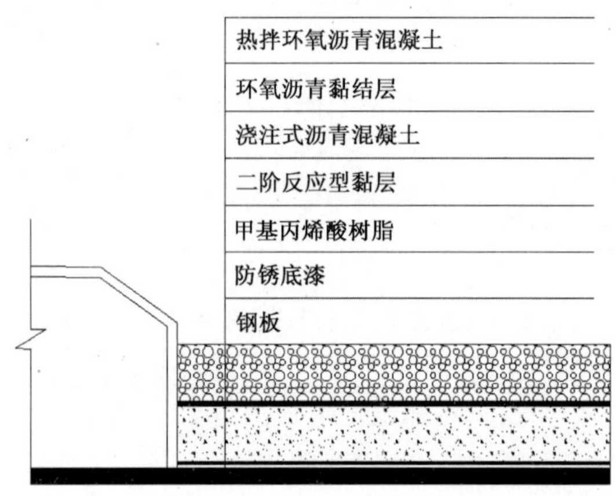

图2.4 “下层浇注+上层热拌环氧”铺装结构示意图

壳牌70号基质沥青性能试验结果 表2.26

试验指标		试验结果	技术要求	试验方法
针入度(25℃,0.1mm)		62.5	60~80	T0604—2011
延度(15℃,cm)		>100	≥100	T0605—2011
软化点(℃)		52.1	≥46	T0606—2011
针入度指数PI		0.3	-1.5~1.0	T0604—2011
RTFOT后	质量变化(%)	0.2	-0.8~0.8	T0610—2011
	针入度比(25℃,%)	69	≥61	
	延度(10℃,cm)	11	≥6	

改性剂用环氧树脂性能试验结果 表2.27

试验指标	试验结果	技术要求	试验方法
黏度(25℃,Pa·s)	2.6	1~5	T0625—2011
环氧当量	202	190~210	GB/T 4612—2008
闪点(COC,℃)	330	≥230	T0611—2011
密度(25℃,g/cm^3)	1.015	1.00~1.20	GB/T 15233—2008
外观	淡黄色透明液体	淡黄色透明液体	目视

改性剂用硬化剂性能试验结果 表2.28

试验指标	试验结果	技术要求	试验方法
黏度(25℃,Pa·s)	0.45	0.10~0.80	T0625—2011
闪点(COC,℃)	220	≥145	T0611—2011

续上表

试验指标	试验结果	技术要求	试验方法
密度(25℃,g/cm^3)	0.86	0.80~1.00	GB/T 15233—2008
外观	淡黄褐色液体	淡黄褐色液体	目视

环氧树脂改性剂技术要求　　表2.29

试验指标	试验结果	技术要求	试验方法
重量比(环氧树脂,硬化剂)	—	56:44	称量法
拉伸强度(23℃,MPa)	3.5	≥3.0	GB/T 2567—2008
断裂延伸率(23℃,%)	126	≥100	GB/T 2567—2008

环氧树脂改性沥青技术要求　　表2.30

试验指标	试验结果	技术要求	试验方法
重量比(环氧树脂改性剂:掺配沥青)	—	50:50	称量法
针入度(25℃,0.1mm)	12.4	5~20	T0604—2011
软化点(℃)	135	≥100	T0606—2011
拉伸强度(23℃,MPa)	3.2	≥2.0	GB/T 2567—2008
断裂延伸率(23℃,%)	110	≥100	GB/T 2567—2008

2.4.3 应用效果评价

对铺装层多次调查发现,“下层浇注+上层热拌环氧”铺装结构服役性能优良,其高温抗变形能力相比浇注式沥青混凝土显著提高,有效解决了车辙病害难题。另一方面,同温拌环氧沥青相比,热拌环氧沥青混凝土对实施空间的要求、施工难度、施工风险等方面具有优势,同时其养护时间较短,有利于快速开放交通。

2.5 聚合物改性浇注式沥青混凝土

基于环氧沥青施工条件要求高、养护时间长等不足,在实桥试验阶段有部分改性浇注式沥青混凝土铺装效果表现不错,为了今后在大交通流量下能尽快地完成主桥面的铺装维修,减少大修对交通带来的不利影响,公司决定深入开展重交通状况下的改性浇注式沥青铺装及其他铺装结构的养护技术研究。

2.5.1 铺装方案

2009年7月31日至2009年8月24日,在上游第三车道42号吊索至44号吊索之间,第二车道北塔至6号吊索、83号吊索至85号吊索之间,上游第一车道北塔至15号吊索、64号吊索至67号吊索之间,下游第三车道北塔至1号吊索、16号吊索至18号吊索、下游第二车道10

号吊索至11号吊索之间铺设了分别长度为20m、102m、40m、250m、47m、16m、30m、8.5m的“聚合物改性浇注式沥青混凝土”试验段。

在上游第三车道北塔至3号吊索之间、9号吊索至12号吊索之间、26号吊索至30号吊索之间分别铺设了长度为50m、50m、67m的反应性树脂试验段,其中北塔至3号吊索之间试验段采用“下层聚合物改性浇注式沥青混凝土+上层反应性树脂沥青混凝土”结构形式;9号至12号吊索之间试验段采用“下层FRP(纤维增强复合材料)+上层反应性树脂沥青混凝土”结构形式;26号吊索至30号吊索之间试验段结构形式与试验段一相同,但是厚度有所差异,结构示意图分别如图2.5~图2.7所示。

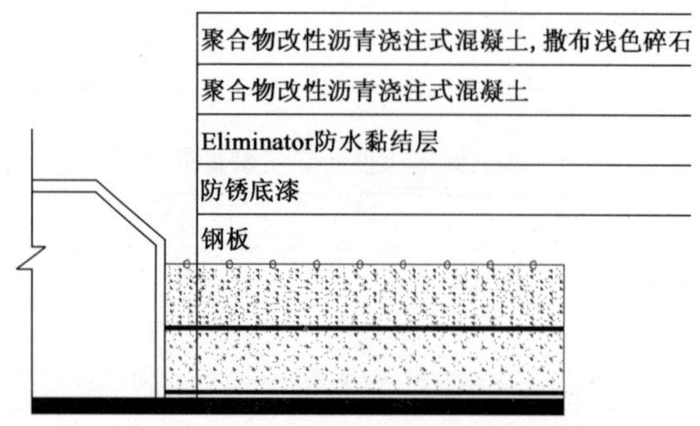

图2.5 “双层聚合物改性沥青浇注式沥青混凝土”铺装结构示意图

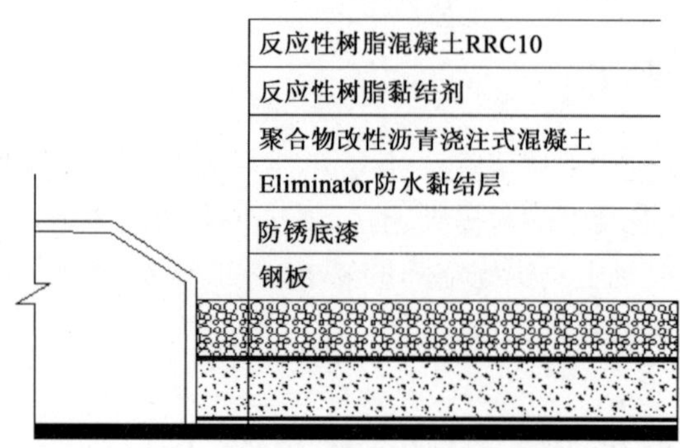

图2.6 “浇注式沥青混凝土+反应性树脂混凝土”铺装结构示意图

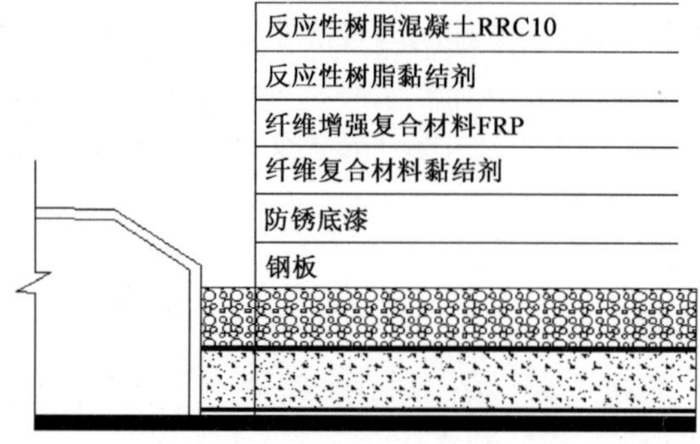

图2.7 “FRP+反应性树脂混凝土”铺装结构示意图

2.5.2 原材料性能

聚合物改性沥青的开发由SK北京研究院承担，重庆交通大学进行沥青性能指标复核和混合料应用试验，经过近10次试验的信息反馈和配方调整，最终开发出了性能较为良好的聚合物改性沥青，其性能检测结果见表2.31。

聚合物改性沥青主要技术指标 表2.31

试验指标		计划达到	德国标准	实际达到
针入度(25℃,0.1mm)		10~40	20~60	28
软化点(℃)		70~80	58~68	86.6
延度(25℃,cm)		≥20	≥20	105
弹性恢复(25℃,%)		≥50	≥50	82
黏度(135℃,Pa·s)		≤2.0	—	4.7
RTFOT(163℃)	延度(25℃,cm)	≥8	≥8	56
	弹性恢复(25℃,%)	≥50	≥50	82

本次所开发的沥青具有较高的延度和软化点指标，老化后的低温性能和弹性恢复状况也十分优良，各项指标基本达到了预定要求，但黏度较高，说明采用该聚合物改性沥青施工难度较大，会导致施工温度较高或者流动性不足，但从后文的混合料试验和现场铺筑情况来看，其性能能够满足施工要求。储存稳定性尚未达到预定目标，这是今后应该进一步研究的问题。

2.5.3 关键技术指标

课题组对聚合物浇注式沥青混凝土、反应性树脂混凝土和纤维增强复合材料(FRP)进行了研究开发，所达到的主要技术指标如表2.32~表2.34所示。

聚合物改性沥青浇注式混凝土主要技术指标 表2.32

试验指标	计划达到	德国标准	实际达到
60℃动态贯入度(mm)	≤2.5	≤2.5	0.88
60℃动态贯入度增量(mm)	≤0.3	无	0.25
刘埃尔流动性(s)	≤20	≤20	12.1
25℃复合梁疲劳寿命(万次)	≥100	≥100	≥100

反应性树脂混凝土主要技术指标 表2.33

试验指标	计划达到	德国标准	实际达到
动稳定度(次/mm)	≥6 000	≤2.5mm[①]	≥6 000
低温破坏应变(με)	$\geq 7\times10^{-3}$	$\geq 7\times10^{-3}$	16.26×10^{-3}
25℃复合梁疲劳寿命(万次)	≥100	≥100	≥100

注:①此处指车辙深度。

复合纤维增强材料主要技术指标 表2.34

试验指标	计划达到	国外标准	实际达到
增加刚度	≥50%	无	90%~160%

由表2.32~表2.34数据可知,课题研究成果达到甚至超过发达国家钢桥面铺装的技术指标。聚合物改性沥青浇注式混凝土是本课题的核心内容,所开发聚合物改性沥青的高温性能、低温性能和耐老化性能优于国内和国际同类技术产品。

2.5.4 使用情况

1)反应性树脂混凝土

使用1年后出现坑槽、推移、横向裂缝和网裂病害,同时发现有疑似老化病害的孔洞和析出物质病害,如图2.8所示。其主要原因是试验段施工中,反应性树脂黏结剂洒布量过大,局部区域有泛油现象出现,环氧树脂混凝土的抗老化能力和环氧树脂黏结层的黏结性能仍然不足,析出物导致的孔洞加速了钢桥面铺装层的水损害。

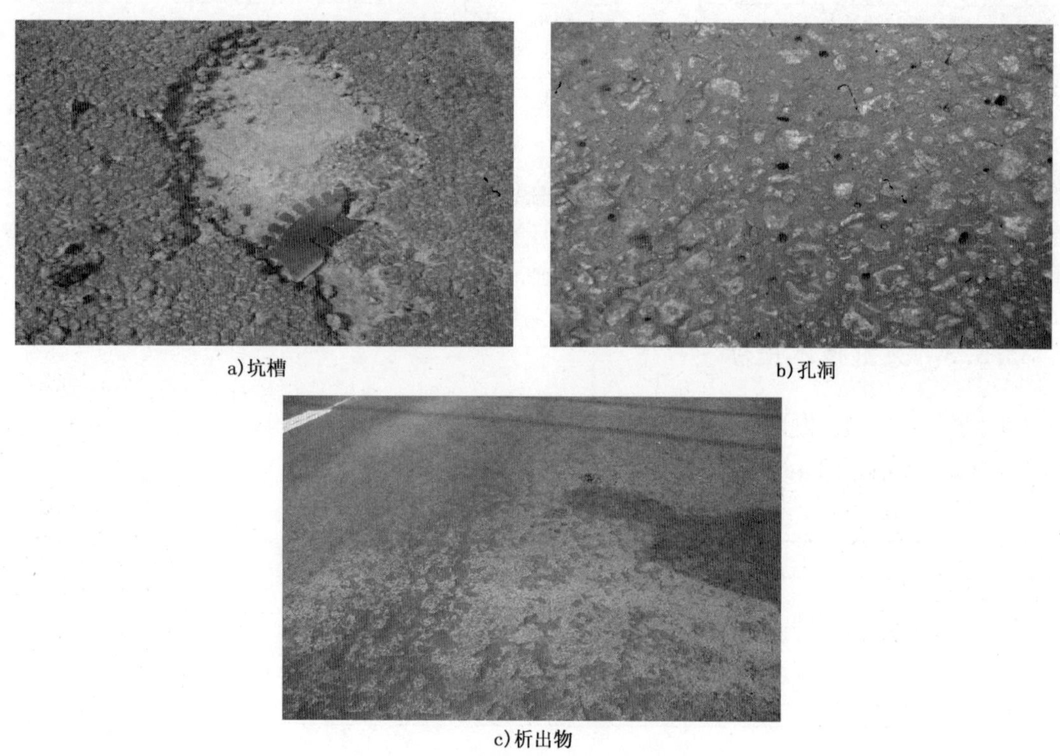

a)坑槽　b)孔洞　c)析出物

图2.8　反应性树脂混凝土病害情况

2)FRP铺装

下层FRP+上层反应性树脂混凝土在完成施工后一周左右出现严重破损,2个月后出现崩溃性破坏。主要原因是钢桥面板平整度不够,复合纤维板与桥面钢板之间存在间隙,再加上复合纤维板拼装不连续、采用添加滑石粉的环氧树脂作为黏结层,黏结强度不足,导致铺装迅速出现裂缝,并于2个月后全面崩溃,如图2.9所示。

在试验过程中,纤维增强复合材料能够与钢桥面板协同受力增加抗弯刚度,对桥面系刚度进行补强,从疲劳试验和破坏性试验的结果来看,相当于钢板厚度从12mm增加到了15mm。

但在试验段施工中，由于桥面板不平整，复合纤维板与钢板之间存在缝隙，现场 FRP 骨架拼装不连续，没有形成整体 FRP 骨架结构，再加上采用添加滑石粉的环氧树脂作为防水黏结层，导致黏结强度不足，使用 2 个月后全面崩溃。这种铺装结构显著提高了桥面的整体刚度，对钢桥面板的疲劳性能具有明显的改善作用，今后如果解决了骨架的整体性及与钢桥面板的黏结强度的问题，对老桥的性能提升具有较高的应用价值。

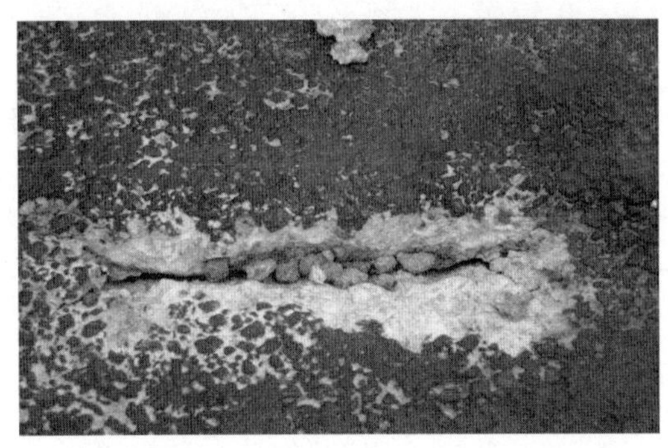

图 2.9　FRP 病害情况

3）下层聚合物改性浇注式沥青混凝土 + 上层反应性树脂沥青混凝土

下层聚合物改性浇注式沥青混凝土 + 上层反应性树脂沥青混凝土在使用 1 年后出现坑槽、推移、横向裂缝、网裂等病害，如图 2.10 所示。

a）推移

b）网裂

图 2.10　反应性树脂混凝土病害情况

根据室内试验结果可知，反应性树脂混凝土具有优良的热稳定性、低温抗开裂能力和抗疲劳性能，但采用该种材料铺装的试验段却在短时间内出现严重破损，说明反应性树脂混凝土用于铺装结构层特别是用于铺装表层时，需进一步解决两个方面的问题：一是环氧树脂的耐紫外线老化问题；二是铺装结构层间结合的问题，即树脂混凝土与其下卧层之间的黏结性能。

4）聚合物改性浇注式沥青混凝土

聚合物改性浇注式沥青混凝土应用效果相对较好，基本保持了 3 年无病害的使用记录，但由于施工面小，没有进行试铺，而且受施工调度和混合料生产问题的影响导致混合料可施工性能不足，施工过程中出现表面拉裂的问题，这是导致 3 年后铺装前半段出现裂缝的主要原因，如图 2.11 所示。

图 2.11　聚合物改性浇注式沥青混凝土病害情况

2.6　高强沥青混凝土

江阴大桥自通车以来桥面铺装层应用了多种不同的铺装层方案,其中环氧沥青混凝土是众多方案中耐久性最好的一种。但作为养护维修工程很难满足环氧沥青混凝土铺装层方案苛刻的施工要求,致使其很难达到预期的路用性能。另一方面,环氧沥青混凝土铺装需要较长的养护时间,给交通量繁重的江阴大桥带来了不利的社会影响。因此,有必要开展适用于养护维修工程、更经济合理的大跨径钢桥桥面铺装的研究。

2.6.1　铺装方案

2011 年 8 月,选择江阴大桥上游北塔的 2 号 ~ 19 号吊索桥面铺装的第三车道作为试验段,将高强沥青混凝土应用于江阴大桥,其中铺装下层厚度为 25mm,铺装上层厚度为 30mm,铺装结构如图 2.12 所示。

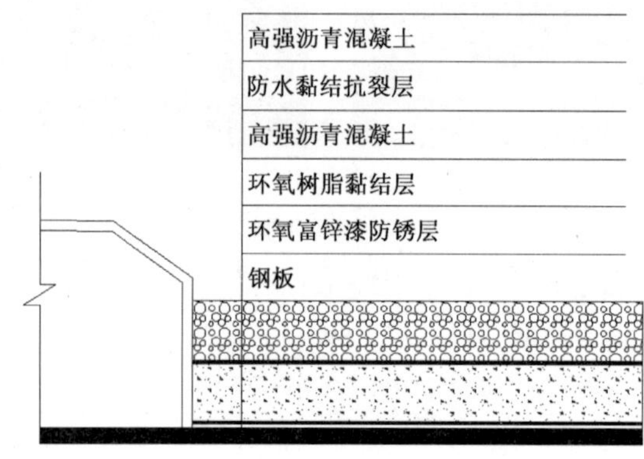

图 2.12　“双层高强沥青混凝土”铺装结构示意图

2.6.2　原材料性能

对试验段选用的沥青、粗集料、细集料、矿粉和添加剂进行基本性能检测,其主要的技术指标如表 2.35 ~ 表 2.39 所示。

高强沥青性能试验结果　　表2.35

试验指标		试验结果	技术要求	试验方法
相对密度(15℃)		1.032	实测	T0603—1993
针入度(25℃,0.1mm)		23	20~40	T0604—2000
针入度指数(PI)		0.31	≥-0.4	T0604—2000
软化点(℃)		66.5	≥60	T0606—2000
闪点(℃)		318	≥230	T0611—1993
运动黏度(135℃,Pa·s)		2.37	≤3.0	T0625—2000
60℃动力黏度(Pa·s)		4 555	≥4 000	T0620—2000
弹性恢复(%)		82	≥75	T0662—2000
DSR试验	$G^*/\sin\delta$(35℃,kPa)	0.53	≥980	AASHTO T315-02
	$G^*/\sin\delta$(60℃,kPa)	20.5	≥18	
黏韧性(N·m)		11.5	≥5	T0624—1993
韧性(N·m)		4.35	≥2.5	T0624—1993
TFOT(163℃,5h)	质量损失(%)	-0.02	-1.0~1.0	T0609—1993
	针入度比(%)	78	≥65	T0604—2000
PG等级		PG82-22	PG82-22	—

粗集料性能试验结果　　表2.36

试验指标		试验结果	技术要求	试验方法
压碎值(%)		12.6	≤26	T0316—2005
洛杉矶磨耗损失(%)		13.2	≤28	T0317—2005
吸水率(%)	1号	1.370	≤2.0	T0304—2005
	2号	1.851	≤2.0	
表观相对密度(g/cm^3)	1号	2.964	—	T0304—2005
	2号	2.965		
毛体积相对密度(g/cm^3)	1号	2.849	—	T0304—2005
	2号	2.811		

细集料性能试验结果　　表2.37

试验指标	试验结果	技术要求	试验方法
压碎值(%)	73	≥60	T0334—1994
表观相对密度(g/cm^3)	2.824	—	T0328—2005

矿粉性能试验结果 表2.38

试验指标		试验结果	技术要求	试验方法
视密度(g/cm^3)		2.675	≥2.45	T0352—2000
含水率(%)		0.3	≤1.0	T0332—1994
粒度范围	<0.6mm(%)	100	100	T0351—2000
	<0.15mm(%)	99.6	90~100	
	<0.075mm(%)	92	70~100	
亲水系数		0.45	<1.0	T0358—2000

易密实添加剂性能试验结果 表2.39

试验指标	试验结果	技术要求
胺值	131	100~140
固含量(%)	9.9	≥9.0
pH值	7.5	6.5~8.5

2.6.3 关键技术指标

对高强沥青混凝土的各项路用性能进行室内试验,其关键技术指标如表2.40所示。

高强沥青混凝土路用性能试验结果 表2.40

试验指标	试验结果	技术要求
油石比(%)	5.5	—
密度(g/cm^3)	2.483	—
空隙率(%)	4.5	4~6
稳定度(kN)	16.5	>8
流值(0.1mm)	33	20~50
残留稳定度(%)	95.6	>85
动稳定度(次/mm)	6 240	>3 000
-10℃弯曲破坏应变(με)	2 840	>2 500

从上表中的试验结果可知,本课题拟用于江阴大桥桥面铺装的铺装工程材料路用性能能够较好地满足其相关技术要求。

2.6.4 使用情况

试验段施工后,为及时掌握试验段的使用情况,每月对试验段进行跟踪观测。基于现场观测数据发现,试验段在前半年内使用状况良好,尤其是高温稳定性能,但在2012年3月(使用7个月)发现铺装层表面出现细纹裂缝,而且多发生于轮迹带附近,由此可见,该裂缝为重车荷载作用下的疲劳裂缝。2012年5月,由于试验段铺装结构不能满足剪应力的要求,出现了严重的剥落和松散病害,如图2.13所示。

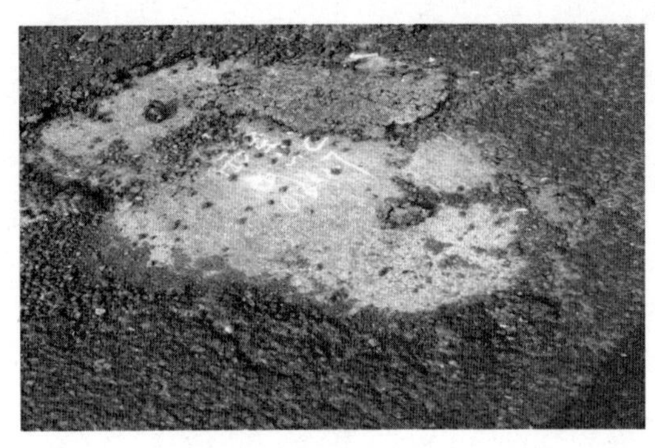

图 2.13 高强沥青 SMA 病害情况

从试验段的情况来分析，出现大规模松散病害的主要原因是：试验段处于受力最为严峻的爬坡车道，铺装层与钢板之间的剪应力很大，而试验段所采用的黏结层材料并不能满足该剪应力的要求，导致使用过程中出现了严重的剥落、松散病害。

虽然试验段表现出良好的高温性能，但铺装体系的疲劳性能和层间黏结力还不能满足大纵坡、重载的外部条件要求，今后需要对铺装层材料的疲劳性能和层间黏结层材料进行深入研究，提高铺装体系的疲劳性能和层间黏结力。

2.7 小结

钢桥面沥青铺装层作为与车辆荷载直接接触的桥面结构，除承受车辆荷载的作用外，同时还充当钢桥面板的保护层。合理的铺装结构不仅可以有效分散、降低正交异性板的荷载应力，还能够增加桥面板构件及焊缝的疲劳寿命，其重要性不言而喻。江阴大桥自 1999 年通车运营至今，一直致力于寻找合理适宜的铺装方案，先后经历了浇注式沥青混凝土、改进型浇注式沥青混凝土、温拌环氧沥青混凝土、热拌环氧沥青混凝土、聚合物改性浇注式沥青混凝土、反应性树脂混凝土、纤维增强复合材料和高强沥青混凝土等多种铺装材料和结构的研究，有的成功、有的失败。总结过程，我们认为主要是实验室环境和现场施工条件不同，实验室小批量生产和现场大规模应用之间质量控制方面的差距以及工作精细化程度的差异造成了现场应用的失败，但我们也积累了大量的数据和丰富的成果，为今后江阴大桥主桥面大中修方案选择提供了可靠的依据。

3 铺装病害发展规律

江阴大桥铺装层在服役期间先后历经了浇注式沥青混凝土、环氧沥青混凝土等7种铺装材料，在重载大交通量作用下，每一种铺装模式产生的病害类型各有不同，但总体可归纳为裂缝、车辙、坑槽、外伤和火损五大类[14-16]。五类病害之间关系密切，相互影响，其发展过程如图3.1所示。在行车荷载的重复累积和严峻的自然环境共同作用下，桥面铺装会产生裂缝和车辙病害，若不及时加以处治，在雨水的不断渗透和动水压力的反复变化下，裂缝会逐渐恶化进而形成坑槽、脱层，严重影响车辆的行驶安全性和舒适性[17-19]；渗透的雨水同样会造成钢桥面板的锈蚀，对大桥的安全造成威胁。

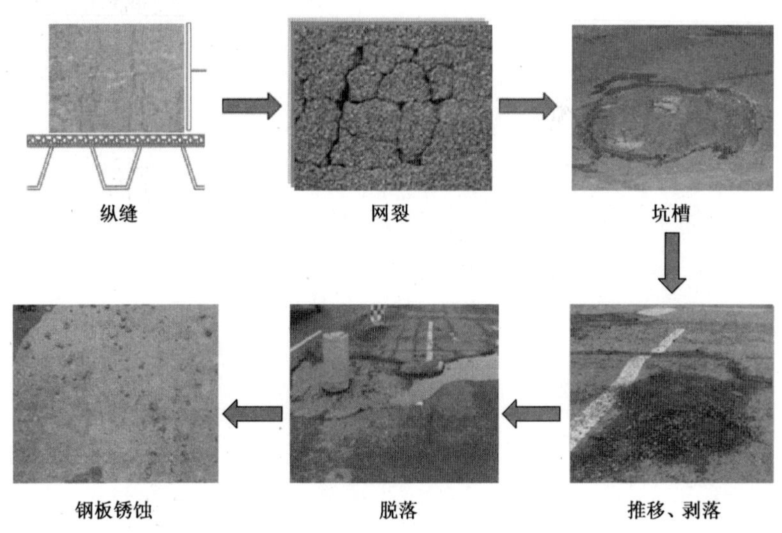

图3.1　典型铺装病害发展趋势

3.1　典型病害

3.1.1　浇注式沥青铺装模式

浇注式沥青混凝土铺装在重载大交通量作用下，病害形式主要表现为车辙、纵向裂缝、横向裂缝、坑槽、推移、脱层等。

1）裂缝

江阴大桥1999年通车，经历3年的使用期后，产生了严重的裂缝，包括横向开裂、纵向开裂及网状开裂，裂缝位于行车道两侧轮迹带的U形肋肋顶与横隔板上方的铺装中，如图3.2所示。

纵向裂缝和横向裂缝属于钢箱梁结构相关性疲劳裂缝，多出现于正交异性板纵向加劲肋、横隔板或者纵隔板顶部铺装层中[20-21]。裂缝出现初期，一般为单条裂缝，与桥面纵向平行且位于行车轮迹附近。末期裂缝的形状及位置，在车轮垂直作用下纵向加劲肋腹板顶部的铺装层出现规则的纵向裂缝。除纵向裂缝之外,在轮迹附近的横隔板顶部有横向疲劳裂缝出现,横向裂缝从行车轮迹下纵向裂缝处产生,并向外辐射[22]。

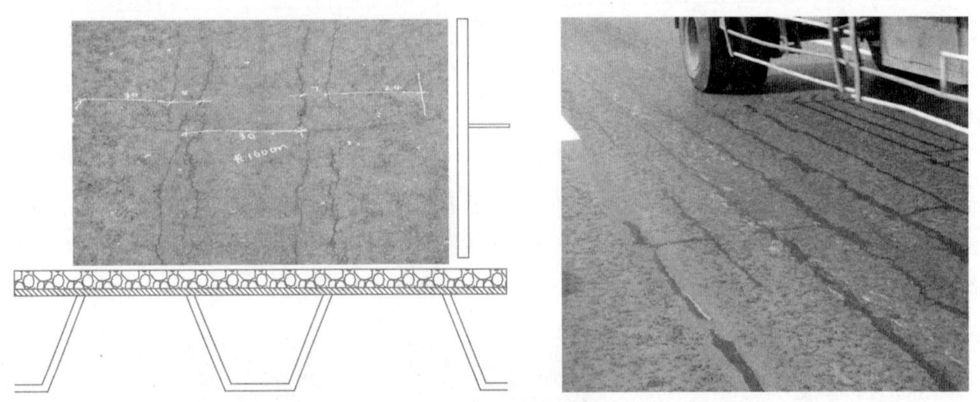

图3.2 江阴大桥浇注式沥青混凝土铺装典型裂缝病害

此类裂缝与钢箱梁内部加劲肋、隔板结构有很大关联,为此采用有限元仿真模拟的方式选取钢箱梁阶段进行力学分析,在铺装层最不利响应位置施加荷载进行计算,仿真模型和结果云图见图3.3。

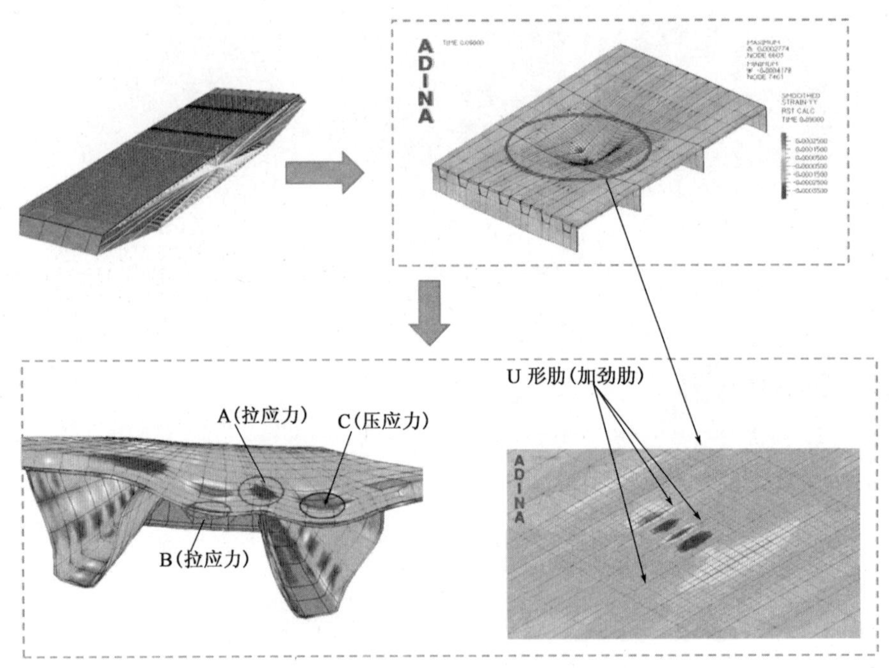

图3.3 钢桥面铺装仿真模型及结果云图

完全连续条件下铺装层表面横向拉应力分布情况见图3.4[24]。图3.4表明,完全连续条件下拉应力的最大值和极大值均出现在轮迹附近的纵向加劲肋腹板顶部。因此在行车荷载的反复作用下,拉应力极值附近区域必然会先于其他区域产生疲劳裂缝,这与实际铺装层表面出现的钢箱梁结构相关性疲劳裂缝的出现规律是一致的[23-24]。

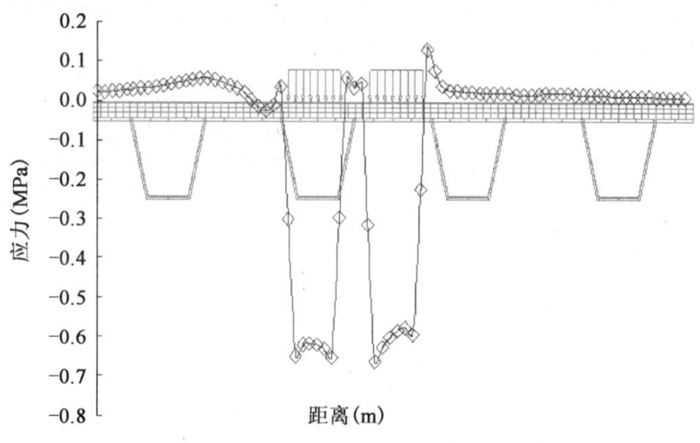

图 3.4 最不利响应时铺装层表面横向拉应力分布

2)车辙

车辙是浇注式沥青混凝土铺装的一种主要病害形式,如图 3.5 所示。调查发现,2003 年上游侧的车辙深度大于下游侧,上坡段的车辙深度大于下坡段,最大车辙深度约有 2.8cm,超过原始设计铺装层厚度的一半。

图 3.5 桥面铺装车辙病害

另一方面,环氧沥青作为环氧沥青混凝土用结合料,它属于热固性材料,一旦形成固化网状结构后不会在高温条件下发生逆反应而变软,这也大幅增强了环氧沥青混凝土的高温稳定性,因此在环氧沥青混凝土铺装中鲜有车辙病害出现[25-27]。

采用 ABAQUS 有限元软件建立正交异性钢桥面铺装层永久变形仿真模型,模型两端横隔板底部采用固结约束 A,模型沿纵桥向的板边缘采用水平向约束、竖向自由的边界方式,如图 3.6 所示。

对钢桥面常用铺装结构进行变形分析,分别为:①双层 6cm 浇注;②下层 3cm 环氧 + 上层 3cm 浇注;③下层 3.5cm 浇注 + 上层 2.5cm 环氧;④下层 3cm 浇注 + 上层 3cm 环氧;⑤双层 6cm 环氧。仿真云图及变形结果分别如图 3.7 和图 3.8 所示。

永久变形量从大到小的铺装结构依次为:双层 6cm 浇注 > 下层 3cm 环氧 + 上层 3cm 浇注 > 下层 3.5cm 浇注 + 上层 2.5cm 环氧 > 下层 3cm 浇注 + 上层 3cm 环氧 > 双层 6cm 环氧,即铺装结构高温抵抗永久变形的能力也为上述排列次序。铺装层发生永久变形的发生区域:车辙凹陷处于轮载接触位置即U形肋顶附近区域,凸起发生于两U形肋中间[27]。

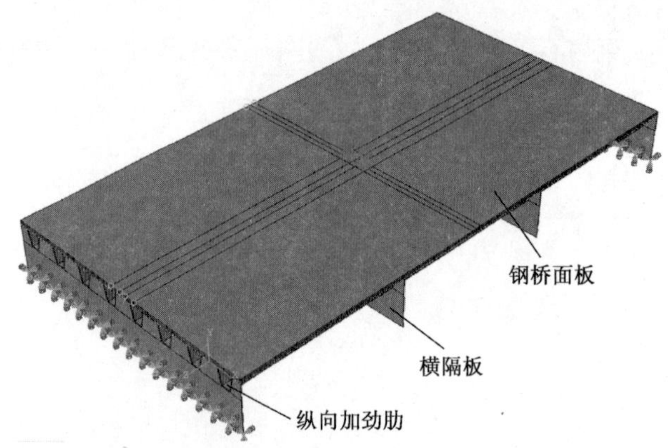

图3.6 正交异性钢桥面铺装层永久变形仿真模型

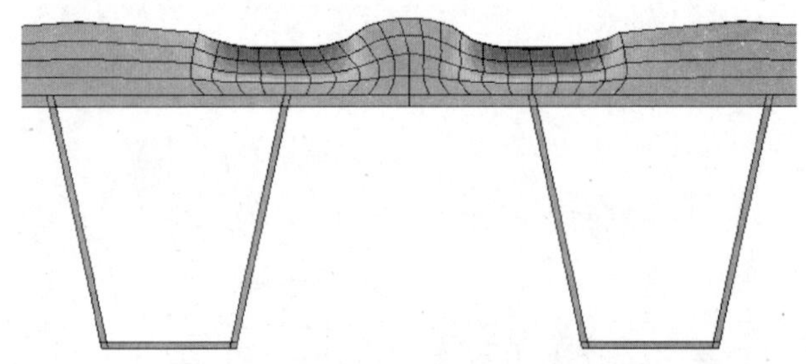

图3.7 桥面铺装永久变形仿真云图

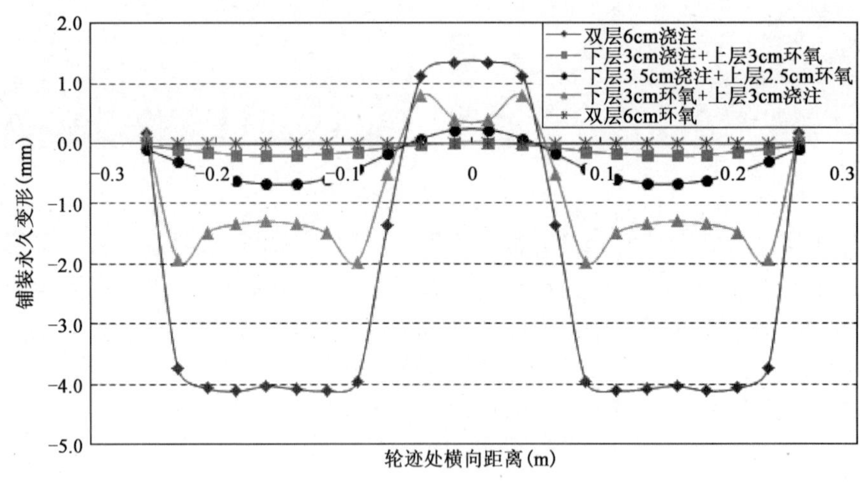

图3.8 桥面铺装永久变形仿真结果

3)坑槽

坑槽一般与材料自身性能以及对裂缝、鼓包等病害没有及时维护有关。沥青混凝土铺装发生开裂后未经处治,在雨水渗透作用下,沥青黏结效果失效,混合料松散,逐渐演变成坑槽[28-29],如图3.9所示。

铺装层产生坑槽病害的原因主要有以下两个方面:其一,雨水通过裂缝渗入铺装内部,形成一定的动水压力,造成混合料的沥青与集料的黏结失效,局部区域发生集料剥落出现坑槽问题。其二,在沥青混凝土摊铺过程中,由于矿粉结团而形成的铺装层表面拉皮现象,在摊铺过程中又没有及时进行检查与处理,导致铺装混合料在投入使用期间由于表面矿粉团松散剥落而导致的铺装层表面的凹坑[30-31]。此外,过往通行车辆坠物磨损或冲击,也是铺装层表面出现坑槽的原因之一。

4)脱层、推移

脱层破坏的出现主要和黏结层强度以及铺装层材料的高温稳定性有关。如果黏结层强度较低,或黏结层施工不当,则容易脱层。如果铺装层材料的高温稳定性较差,则在水平力的作用下容易失稳,从而形成推移和拥包病害。江阴大桥钢桥面铺装脱层推移病害如图 3.10 所示。

图 3.9　江阴大桥浇注式沥青混凝土铺装坑槽病害

图 3.10　江阴大桥浇注式沥青混凝土铺装脱层病害

3.1.2　环氧沥青铺装模式

环氧沥青铺装模式是江阴大桥自 2004 年至今采取的主要铺装模式,包括“下层浇注 + 上层环氧”和“双层环氧”两种铺装结构。根据历年的调查资料可知,其主要的铺装病害有裂缝、坑槽、外伤和火损等,各类病害的演变趋势如图 3.1 所示。铺装层在行车荷载的反复作用下,先是产生疲劳裂纹,随后越扩越大,发展成为各类裂缝病害;遇到雨天积水时,车辆通过处将会产生一定的动水压力,造成桥面铺装的局部破损,很快出现坑槽病害;若不加以防治,破损区域将愈演愈烈,逐步发展成为小范围的剥落和脱层,最终造成整块桥面铺装层的脱落,对大桥的安全造成威胁。

1)裂缝

裂缝是环氧沥青铺装模式最主要的病害类型,具体可细分为横向裂缝、纵向裂缝、斜裂缝、网状裂缝和人字缝等[20-22],如表 3.1 所示。其中纵向裂缝为最主要的破坏形式,占比达到 71.5%;其次为横向裂缝,占比为 8.8%;斜裂缝、网状裂缝和人字缝相差不大,分别占总数的 6.5%、6.1% 和 7.2%。

在环氧沥青混凝土施工完毕之后,裂缝类病害出现的最早时间在 2 ~ 3 年,在最不利荷载位置可能会发生纵向或者横向开裂,有逐步向网状裂缝发展的趋势。其中不同发展阶段、不同形式裂缝的修复材料与工艺详见报告4.5.1节。

江阴大桥裂缝类病害统计表　　表3.1

序　号	裂缝类型	裂缝编号	病　害　图	占比(%)
1	纵向裂缝	-Ⅰ80#-A		71.5
2	横向裂缝	-Ⅲ8#-C		8.8
3	斜裂缝	-Ⅱ38#-B	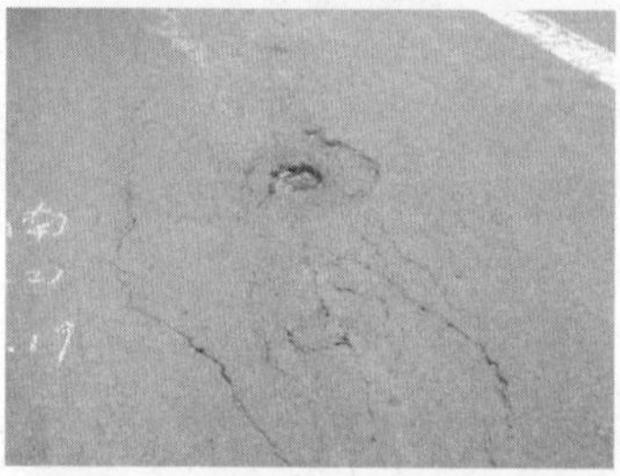	6.5
4	网状裂缝	-Ⅰ56#-C		6.1
5	人字缝	+Ⅱ50#-D		7.2

注:+表示上游方向;-表示下游方向。

横向裂缝与纵向裂缝属于结构性疲劳裂缝，其形成原因同浇注式铺装类似，在此不再过多赘述。斜裂缝、网状裂缝、人字缝等不规则裂缝多出现于行车道附近，较少发生在紧急停车带，说明此类裂缝的出现与行车荷载作用有关。

2）坑槽

从江阴大桥钢桥面铺装的调查资料来看，坑槽是环氧沥青铺装结构的另一类主要病害，如图3.11所示。同浇注式沥青铺装模式的形成原因类似，环氧沥青铺装中的坑槽病害也主要是由于未能及时修复网裂、龟裂以及鼓包等病害。除浇注式沥青铺装结构提到的施工缺陷与维护缺失外，油污侵蚀也是造成桥面铺装出现该类病害的主要原因。

坑槽主要是由于未能对网裂、鼓包等病害及时修复导致的，因此对于新铺的环氧沥青铺装层而言，此类病害最早产生的时间是在运营3年之后。坑槽病害的特征比较明显，在日常养护巡查中易于发现，一般按发展阶段进行分类，但可根据破损面积和深度分别对其进行填料式修复和挖补式修复，具体修复材料与工艺详见报告4.5.3节。

3）外伤

外伤是指沥青混凝土铺装由于过往车辆上硬物掉落铺装表面对铺装表面的冲击与破损，或由于车祸等问题导致的硬物在铺装层表面形成的划痕，与桥面铺装的材料与结构无关，因此其出现的时间也相对比较随机，无法对其进行准确预测。由于江阴大桥上来往通行的大型货车较多，故桥面铺装上出现砸痕的概率较大，易造成小型积水而影响行车，如图3.12所示。

图3.11　桥面铺装坑槽病害

图3.12　桥面铺装表面外伤

3.2　铺装破损发展规律

在第2章中我们已经了解到，江阴大桥自1999年9月通车以来，主要历经了3种铺装模式的转变：1999—2003年，浇注式沥青混凝土；2004—2010年，上层环氧沥青混凝土+下层浇注式沥青混凝土；2011—2017年，双层环氧沥青混凝土。在第一种铺装模式下，桥面的坑槽和车辙病害较为严重；在第二种和第三种铺装模式下，裂缝病害最为严重，但随着交通荷载和雨水的作用，裂缝会逐步扩展，后期将演变成坑槽病害。根据历年养护数据，对铺装层维修总面积进行统计分析，相关数据如图3.13所示。

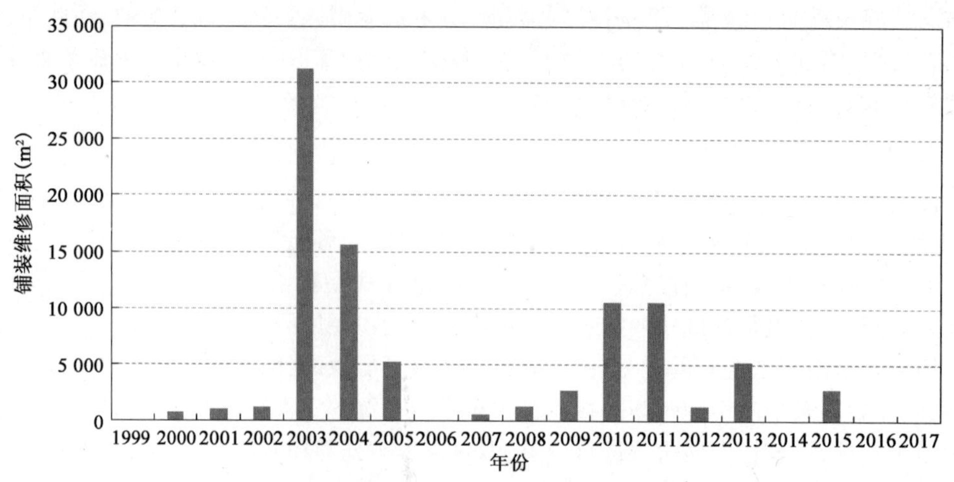

图 3.13　江阴大桥铺装维修面积随年份变化关系图

对上图分析可知,1999—2017 年这 18 年的时间里,桥面铺装维修总面积较高的年份有 2003 年、2004 年、2005 年、2010 年、2011 年和 2013 年。从 2000 年开始到 2003 年年初,浇注式沥青混凝土铺装病害的维修方法主要是灌缝、对脱落较大的部位进行修复,主桥面车辙仍然较为严重、裂缝的分布较为密集,维修工作感到不是很到位,从 2003 年下半年开始,我们加强了主桥面铺装层的维修工作,采用的方法除了常规的灌缝之外,当裂缝比较密集或铺装破损面积有较大增长时,就进行铣刨重铺,保持良好状态。从上图也可以看出,每次大修之后的几年时间里,因裂缝、坑槽导致的铺装破损都保持在一个较低状态,说明及时有效的养护维修是保持江阴大桥主桥面良好技术状态的重要保障。

3.3　病害位置分布规律

根据多年的养护调查可知,江阴大桥上、下游车道病害存在较大差异。上游车道由于交通量较大、轴载重,其损毁程度远超下游车道路面状况。图 3.14 显示了上、下游车道病害数量分布情况,其中 a)、b)、c)分别为 1999—2003 年、2004—2010 年和 2011—2017 年三个不同铺装模式的病害数量分布。

由上图可知,从 1999 年至 2017 年,每年上游病害数量均超过下游病害数量,18 年间上游病害数量共计比下游多出 7 489 条,占下游总数量的 78.1%,可见桥面铺装在上、下游之间病害数量相差很大,铺装病害主要出现在由北向南第三车道中。这是由于,北向南第三车道重载货车比例大,铺装层更容易形成开裂,出现各类裂缝病害,在雨水侵蚀下混合料发生松散,进而形成一定面积的坑槽破坏。

单独观察图 3.14a)、图 3.14b)和图 3.14c)可以发现,在不同的铺装阶段,病害数量存在较大差异,这主要是由于病害类型及统计方法上的不同。对于浇注式沥青混凝土而言,裂缝是贯穿的,宽度大、长度长,而环氧沥青混凝土的裂缝一般都细而短,另外浇注式沥青混凝土另一主要病害为车辙,车辙的破坏面积相对于裂缝要大很多,相同面积内出现车辙病害的数量要远大于裂缝病害的数量,故 1999—2003 年阶段的整体病害数量较少;环氧沥青混凝土由于其强度高、高温稳定性好,不会发生车辙破坏,裂缝是其最主要病害类型,因此数量上表现得更多。

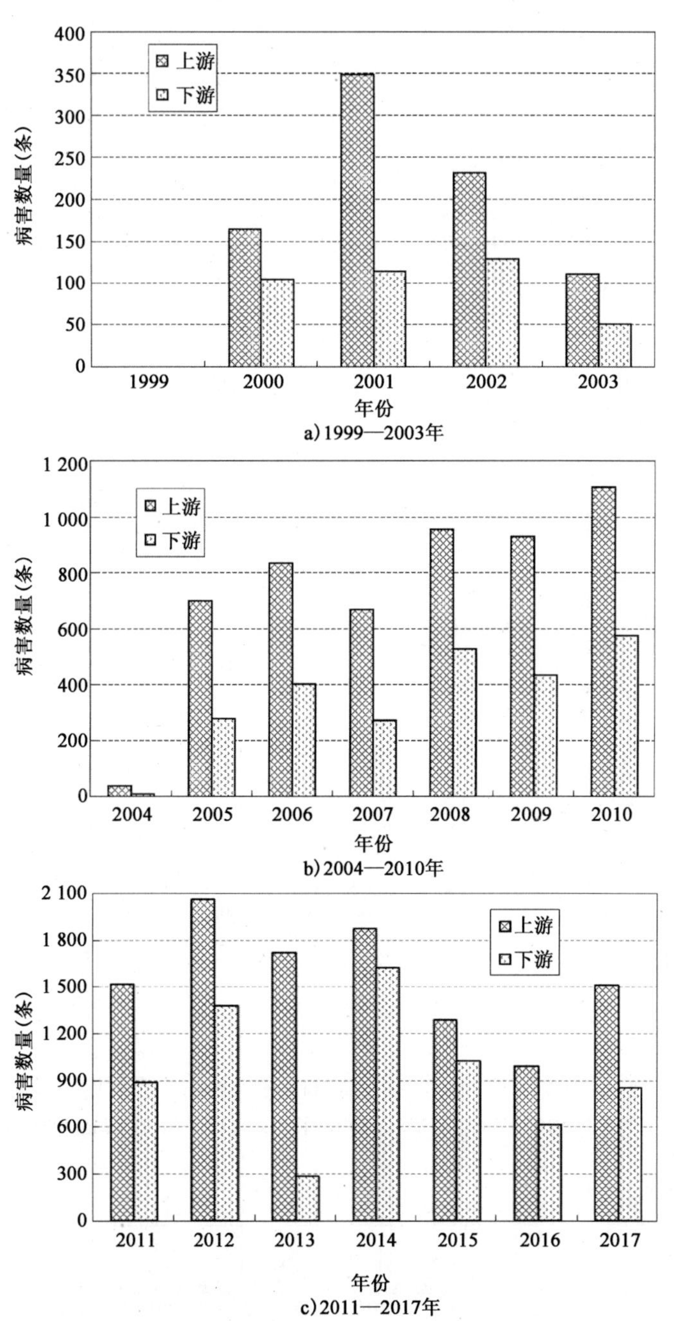

图 3.14 江阴大桥上下游病害数量示意图

3.4 裂缝类病害发展规律

调查发现,裂缝类病害是江阴大桥最主要的病害形式,严重影响了桥面铺装的正常使用与耐久性能,因此有必要专门针对裂缝类病害进行统计分析。裂缝类病害主要可以分为横向裂缝、纵向裂缝、网状裂缝、斜裂缝、人字缝五类,各自所占的数量列于图 3.15 中,裂缝长度变化趋势如图 3.16 所示,同图 3.14 类似,a)、b)、c)分别代表 1999—2003 年、2004—2010 年和 2011—2017 年三种主要铺装结构。

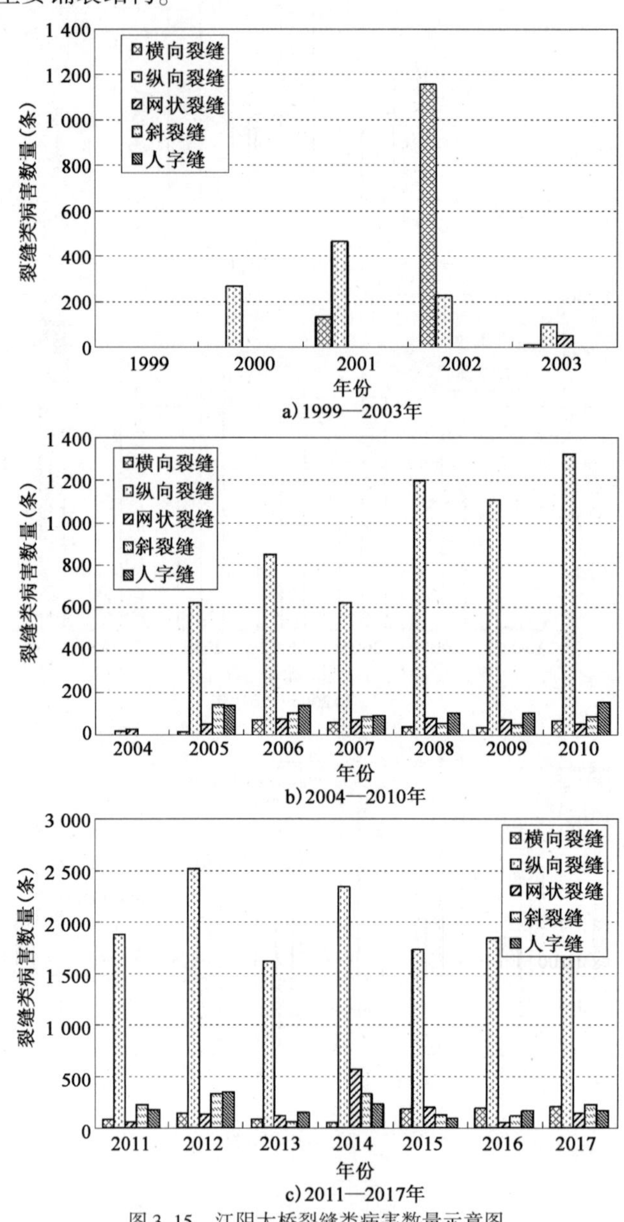

图 3.15 江阴大桥裂缝类病害数量示意图

由上图可知，在江阴大桥裂缝类病害中，除2002年外，其余年份内纵向裂缝均是其最主要的破坏形式，比其余四种裂缝的总和还要多12 212条，其次是横向裂缝、斜裂缝和人字缝。网状裂缝的数量所占比例最小，除2014年数量有所增加外，基本保持在一个稳定水平。

1999—2003年，桥面铺装采用浇注式沥青混凝土，裂缝类病害数量较少，但病害数量也呈现逐年增长的趋势；2003年的病害数量骤减，主要是由于该年份内对双向6个车道进行铣刨重铺，因此病害得以有效控制，同时也使得2004年的病害数量保持在一个较低的水平。2005年之后，桥面铺装上面层为环氧沥青混凝土，裂缝类病害数量增加，但由于病害检查及时、养护措施得当，各种类型裂缝数量增长缓慢，后期基本稳定在一定数值范围内。

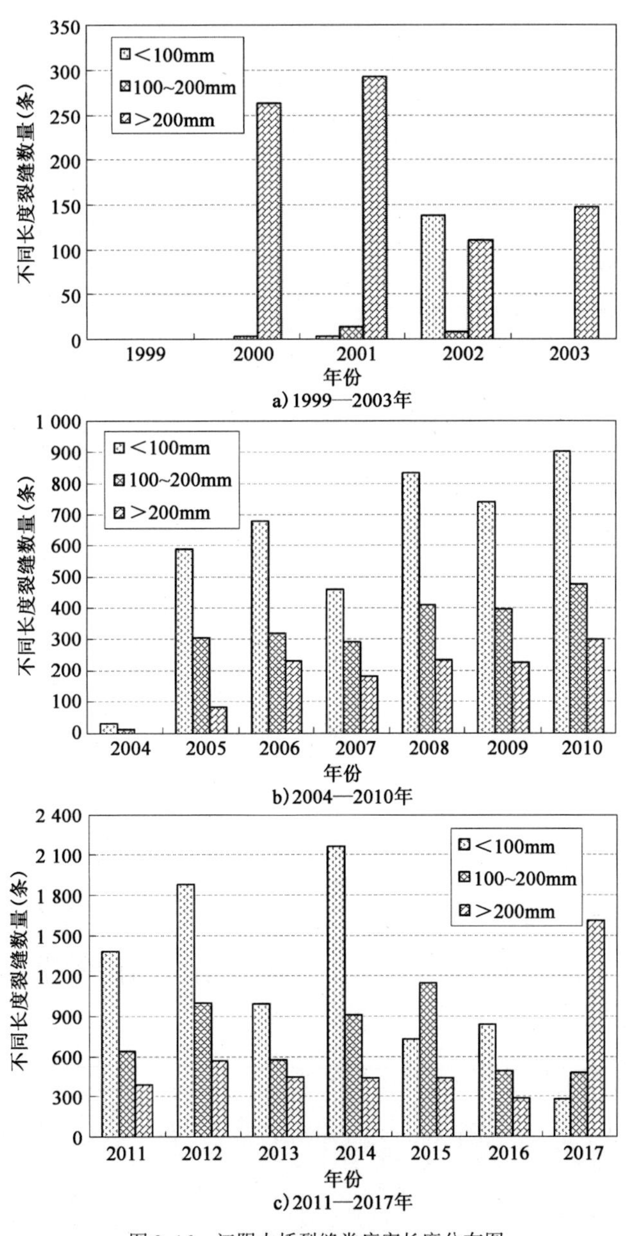

图3.16　江阴大桥裂缝类病害长度分布图

从图3.16中可以看出:2004年之前,桥面铺装裂缝数量不多,主要原因是裂缝较多且长度较长、加上养护工作不到位,记录的原始数据不是很准确。而2005年之后,我们加强了养护检查,对出现的病害及时进行记录跟踪、维护,病害数据相对较为准确,环氧沥青铺装病害以裂缝长度以小于100mm的为主,其次是位于100~200mm区间内,而大于200mm的裂缝数量最少。并且从2007年开始,100~200mm的裂缝数量稍有波动,但基本保持缓慢上升的趋势;同时大于200mm的裂缝数量与之类似,也基本处于逐步增加的状态,这符合一般裂缝长度变化的发展规律。2015年对主桥面西幅二三车道进行局部维修之后,破损区域得到有效控制,因此不同长度的裂缝数量均有所下降,但由于局部维修效果与整条车道大修比相对要差一些,且由于交通量的增加,经过2年时间,到2017年,部分裂缝发展成为大于200mm的裂缝。

3.5 铺装病害发展规律总结

通过对江阴大桥1999—2017年年底桥面铺装日常养护情况的详细调研和汇总,系统梳理了江阴大桥历年来的病害数量和发展规律,总结如下:

(1)裂缝类病害,特别是纵向开裂是江阴大桥最主要的病害形式,多出现于纵向加劲肋顶部与纵隔板顶部铺装层表面,因此需要对上述区域进行重点监管。

(2)上游病害数量远大于下游病害数量,预计未来2年时间内将保持此趋势不会变化,因此需要重点加强对上游区域的病害管理,提高检测与维修频率,最好做到实时在线监测,从而第一时间发现病害,遏制其进一步发展。

(3)近三年来,在所有的裂缝类病害中,长度小于100mm的裂缝数量在逐渐下降,而100~200mm和大于200mm的裂缝数量则逐年增加,说明在重载大交通量条件下,已有裂缝类病害发展迅速,如不能及时发现妥善处治,将很快发展成为坑槽病害。

④ 历年来桥面铺装养护情况

桥面铺装直接铺设在正交异性钢板上，在行车荷载、风载、温度变化及钢桥面局部变形等因素影响下，其受力和变形较为复杂，从而对混合料强度、变形特性、温度稳定性、疲劳耐久性等提出了更高要求，同时要求铺装层必须具备高黏结性、不透水等特殊功能。在钢桥面铺装的使用过程中，需要保证钢桥面铺装的良好状态，除了要科学地设计、严谨地施工外，运营期内及时有效的健康调查与养护也十分必要。

4.1 桥面铺装养护管理机构

江苏扬子大桥股份有限公司于1992年经江苏省政府批准成立，是交通基础设施项目的第一批股份制试点企业，主要负责江阴长江公路大桥及其他交通基础设施的建设和经营管理，现为江苏交通控股有限公司的控股企业。公司设有综合部、党群部、人力资源部、财务部、营运安全部、工程部、经营部7个职能部门和1个管理中心(锡张高速管理中心)，如图4.1所示。

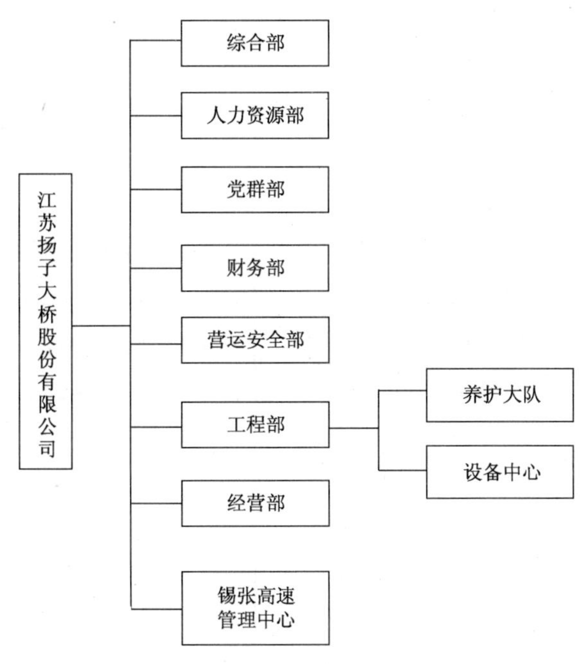

图4.1 公司组织机构

工程部下设养护大队和设备中心，其中养护大队负责江阴大桥的日巡检、夜巡检、特殊巡检、结构巡检、结构定期检查、专项检查、特殊检查以及江阴大桥的日常维护及专项维护的监管等；设备维护中心负责动力设备、三大系统、信息化等的日常维护与建设。

4.2 桥面铺装养护管理制度

4.2.1 调查依据

江阴大桥自建成通车以来,不断探索和借鉴国内外典型大跨钢桥养护的新技术、新工艺、新材料和新设备,以精品养护为目标,贯彻“预防为主,防治结合”的养护方针,加强桥梁的日常性、周期性检查和养护维修工作,建立、健全桥梁养护技术档案,制定符合实际的养护维修措施,使大桥处于良好的运营状态。

由于目前国内外没有钢桥面铺装的养护技术规范或指导手册,因此公司联合东南大学钢桥面铺装维养技术团队,在以往研究成果的基础上,确定江阴大桥钢桥面铺装的健康维护调查依据如下,同时将多年的养护经验编著成册,作为日常养护维修过程中的技术参考,如图4.2所示。

江阴大桥环氧沥青混凝土桥面铺装健康调查及维护年终总结报告

(2006~2010年度)

江苏扬子大桥股份有限公司

东南大学桥面铺装课题组

a)2006—2010年度调查维护报告

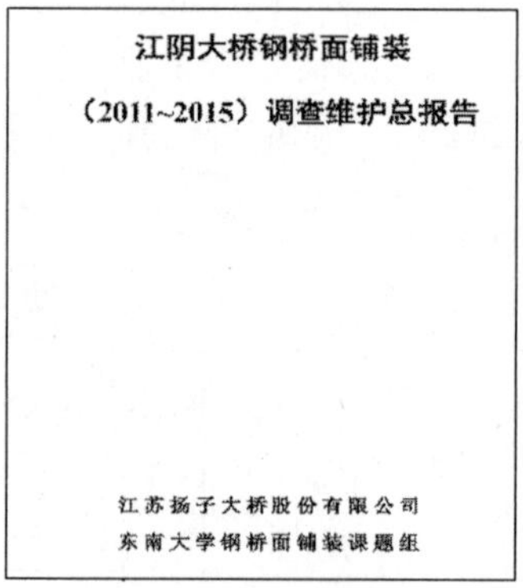

江阴大桥钢桥面铺装

(2011~2015)调查维护总报告

江苏扬子大桥股份有限公司

东南大学钢桥面铺装课题组

b)2011—2015年度调查维护报告

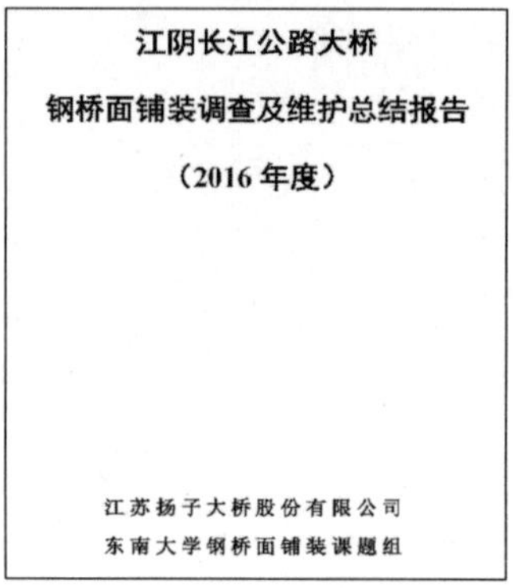

江阴长江公路大桥

钢桥面铺装调查及维护总结报告

(2016年度)

江苏扬子大桥股份有限公司

东南大学钢桥面铺装课题组

c)2016年度铺装调查报告

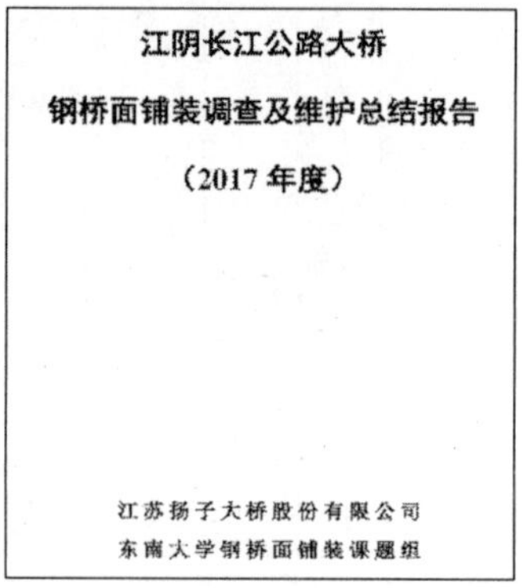

江阴长江公路大桥

钢桥面铺装调查及维护总结报告

(2017年度)

江苏扬子大桥股份有限公司

东南大学钢桥面铺装课题组

d)2017年度铺装调查报告

图4.2 江阴大桥历年铺装养护调查报告

(1)《公路技术状况评定标准》(JTG H20—2007)。

(2)《高速公路养护质量检验评定》(DB32/T 944—2006)。

(3)《公路养护技术规范》(JTG H10—2009)。

(4)《公路养护工程管理办法》。

(5)《公路沥青混凝土路面养护技术规范》(JTJ 073.2—2001)。

(6)《高速公路养护质量检评与新技术规范应用手册》。

(7)《江阴大桥钢桥面铺装养护大纲》(试行版)。

(8)《环氧沥青混凝土钢桥面铺装养护技术》(内部资料)。

公司根据自身桥梁铺装结构特点以及运营情况,不断提升自身养护技术水平,完善相关养护制度,并分别于2006—2010年度和2011—2015年度针对温拌环氧沥青混凝土和热拌环氧沥青混凝土进行了桥面铺装调查,形成年度总结报告,用于指导大桥日常铺装检测和维修工作,同时为大桥标准化养护建立了丰富的文字档案。随着车流量的逐年增加、养护经验的不断积累、铺装方案的日益成熟以及国家规范的修编,2016年和2017年对养护报告进行了持续的修订和完善,从养护工作的实用性和可操作性出发,进一步细化了当前养护工作中的相关技术细节。在养护报告的指导下,一直开展科学有序的养护工作,为大桥的运营安全提供了重要保障,努力实现养护工作的标准化、精细化,实现养护精品化的目标。

4.2.2 调查频率

在江阴大桥钢桥面铺装的日常维养巡视检查工作中,我们重点对铺装层破损状况进行了详细调查,在参照普通沥青路面的相关调查方法与评价技术指标(综合破损率DR)的基础上,采用人工询查检测并对破损的病害铺装进行拍照备份。对于未发生任何破损的桥面铺装层,检测频率为1次/月;如果一旦发现铺装层出现裂缝等病害后,检测频率加强为每两周1次,并且立刻进行现场密封处理。其中,选取2017年的调查情况统计,如表4.1所示。

2017年调查情况统计 表4.1

月　份	天　数	备　注
1月	1	巡检调查及养护
2月	1	巡检调查及养护
3月	1	巡检调查及养护
4月	1	巡检调查及养护
5月	1	巡检调查养护、维修
6月	1	巡检调查及养护
7月	3	巡检调查养护、维修
8月	1	巡检调查及养护
9月	3	巡检调查养护、维修
10月	1	巡检调查及养护
11月	1	巡检调查及养护
12月	1	巡检调查养护、维修
合计	16	—

4.2.3 养护要求

在江阴大桥钢桥面铺装层的养护中,相关巡查参照如下规定进行:

(1)加强铺装状况调查,对发现的病害状况进行及时总结,并进行相关维护处理,杜绝病害加剧发展。由于大跨径钢箱梁桥桥面铺装的特殊作用,对其铺装层所出现的病害(鼓包、开裂等)必须及时、快速地处理,所选择的材料必须具备高强、耐久、固化快以及施工操作简便等特性,以尽量减小由维修操作而导致的交通影响。

(2)对于铺装层上发现的异物要及时清扫,特别是过往车辆上掉落的螺丝钉等杂物,以杜绝异物在车辆荷载作用下使铺装层出现坑洞病害。

(3)路面在长期高温及荷载作用下,致使路面容易产生塑性变形,为此建议高温期间需及时采取降温措施。

(4)虽然环氧沥青混凝土能够抵抗燃油与化学物质的侵蚀,但是对于意外事故(车祸、火损等)导致的铺装表面被燃油或化学物质污染,必须及时对其进行处理,以防止污染邻近物(如路缘等)。处理方法可以先撒砂、木屑或化学中和剂进行处理,清扫后再用大量的水进行冲洗,直至铺装表面洁净为止。

(5)严禁履带车或铁轮车直接在桥面铺装上行驶。

(6)严寒降雪季节来临时,应立刻按照部署计划进行除雪与防冻工作,由于大跨径钢箱梁桥桥面纵坡较大,而且环氧沥青混凝土桥面铺装的空隙率较小(<3%),能够有效防渗,因此,可以采取撒布特殊融雪剂等防冻防滑材料。不建议撒布氯化钙化雪,以降低对桥梁附属结构的腐蚀。

4.3 钢桥面铺装维修历程

江阴大桥自1999年建成通车以来,钢桥面铺装总体来说,主要历经了三种铺装模式的转变。1999—2004年,钢桥面铺装借鉴英国经验,采用沥青玛蹄脂混凝土(部分国家称为浇注式沥青混凝土),但投入使用后不久便出现开裂和车辙等病害。于是,在2004年将双幅第二、第三共4个车道的浇注式沥青混凝土铣刨25mm,铺上30mm的环氧沥青混凝土,其中3个车道采用温拌环氧沥青混凝土,1个车道采用热拌环氧沥青混凝土,第一车道仍然保留浇注式沥青混凝土,直到2010年改造成本铺装形式。这种"下层浇注+上层环氧"的铺装模式虽然病害情况有所改善,但由于是在原沥青玛蹄脂基础上的维修,且江阴大桥的交通流量也在快速增长,桥面铺装病害逐渐增多,从2011年开始,经过3年时间,逐步将江阴大桥的第二、第三车道铺装换成双层热拌环氧沥青混凝土。迄今为止,大桥服役状态良好,多年的环氧铺装养护技术在江阴大桥中得到了成功应用。江阴大桥桥面铺装模式发展历程如图4.3所示。

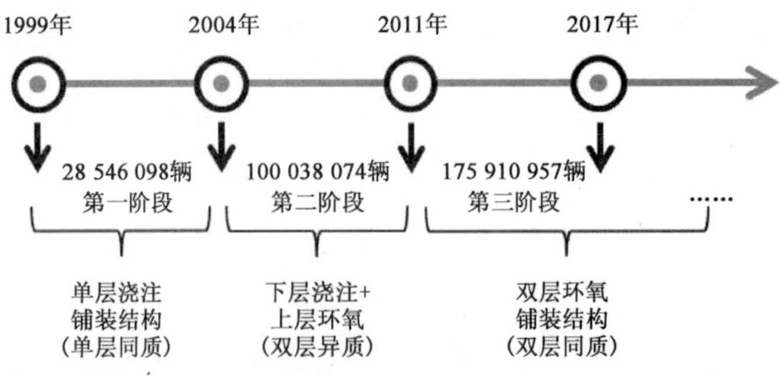

图4.3 江阴大桥桥面铺装模式发展历程

4.4 桥面铺装养护管理现状

借鉴以往健康维护调查经验,江阴大桥钢桥面铺装维养系统采用预警机制与人工调查相结合的方式。根据桥面铺装的使用条件与环境(天气、交通状况等)、各车道运营状况以及由健康维护调查分项报告,建立预警模型;根据每月调查汇总结果,分析预警模型参数,确定下次调查深度与调查频率,而后再进行现场人工巡回检查。

4.4.1 人工巡查

人工巡回调查采用单幅车道整体扫描式调查,并对破损的病害铺装进行拍照备份,即通过封闭需要调查的车道,委派调查人员从车道一端对该车道进行完整的巡回检查,对该车道具体使用状况作详细的记录。根据《公路养护工程管理办法》以及养护过程中的不同预警结果,将调查深度划分为以下三种:

1)一般巡查

派员对所调查车道进行较快速度的行走式调查,主要调查有无明显的新发展病害或有无修复后又继续发展并加剧的病害,记录病害情况与位置,总耗时1~2h/车道。根据出现的病害严重程度,采取适当的维修措施。

2)中度检查

派员对所需调查的车道进行中等速度行走式调查,主要调查病害的形式与发展程度,记录较为严重的病害情况并适当处理,总耗时2~3h/车道。

3)详细调查

派员对所调查的车道进行详细、认真的地毯式检查,记录所有出现的病害情况并及时处理,总耗时大于3h/车道。

此外,若预警结果超出正常范围,必须根据预警参数值增加调查维护频率。原始的调查维修记录如表4.2所示。江阴大桥桥面铺装现状图如图4.4所示。

2017年5月份主桥面维修明细原始记录表 表4.2

日期	方向	索号	尺寸(m)	面积(m^2)	备注
5月5日	靖江—江阴	北塔	0.25×0.30+0.28×0.32	0.16	2车道
		14A	0.45×0.31	0.14	
		32B-C	0.57×0.33	0.19	
		41C-D	0.65×0.46	0.30	
		41D-E	0.51×0.43	0.22	
		67D-E	0.55×0.46	0.25	
		70D-E	1.56×0.25	0.39	
		小计	1.65m^2		
		北塔外	0.34×0.53+0.45×0.35	0.34	3车道

续上表

日期	方向	索号	尺寸(m)	面积(m^2)	备　注
5月5日	靖江—江阴	15C	1.02×0.34	0.35	3车道
		33E	0.93×0.33	0.31	
		41C-D	2.32×0.59	1.37	
		43B-C	0.97×0.33	0.32	
		44C-D	0.95×0.52	0.49	
		81B	0.39×0.50	0.20	
		小计	3.38m^2		

图4.4　江阴大桥桥面铺装现状图

人工巡查所需主要工具及用途分别如图4.5和表4.3所示。

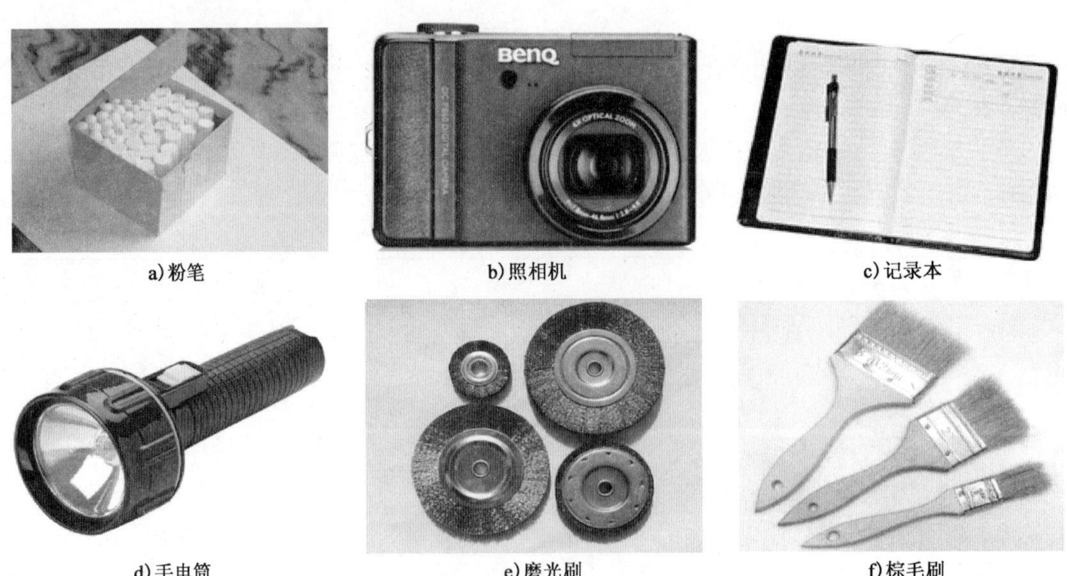

a)粉笔　b)照相机　c)记录本

d)手电筒　e)磨光刷　f)棕毛刷

图4.5　人工巡查所需设备

人工巡查配套工具及用途　表4.3

序　号	设　备	用　途
1	粉笔	在铺装层表面记录局部坐标信息
2	照相机	拍照记录
3	记录本	纸质记录
4	手电筒	局部照明
5	磨光刷	对病害区域打磨抛光
6	棕毛刷	清除病害区域杂物

4.4.2 预警模型

钢桥面铺装养护调查预警模型是为及时理解钢桥面铺装病害发展趋势而制定的钢桥面铺装巡回调查与维护模型。钢桥面铺装养护调查预警模型通常由两参数组成,简单表示为如下公式:

$$W_y = f[T_y, l(y, y-1)] \tag{4.1}$$

式中: W_y——第 y 月预警;

T_y——第 y 月新产生的裂缝总长(cm);

$l(y, y-1)$——裂缝增长因子,第 y 月裂缝总长与第 $y-1$ 月裂缝总长比值。

建立桥面铺装养护调查与维护预警模型后,根据上月新增裂缝总数以及裂缝增长率来判别下次铺装养护与维护频率或调查深度。

根据大量的统计数据以及日常养护管理经验,对沥青混凝土钢桥面铺装调查预警模型做如下说明:

当 $l(y, y-1) \geq 2.5$, $T_y \geq 2\,000$ 时,必须进行至少 3 次以上的详细调查。

当 $l(y, y-1) < 2.5$, $T_y \geq 2\,000$ 时,必须进行至少 2 次以上的详细调查。

当 $1.0 \leq l(y, y-1)$, $T_y \leq 2\,000$ 时,必须进行至少 2 次以上的中度调查。

当 $0.9 \leq l(y, y-1) < 1.0$ 时,必须进行至少 1 次以上的中度调查。

当 $l(y, y-1) < 0.9$ 时,必须进行至少 1 次以上的一般巡查。

4.4.3 主桥面维修保养交通组织安排

江阴大桥现今的日均交通量已超过 8.6 万辆,保畅通压力很大,结合历年来的管理经验可知,江阴大桥单边(上行或下行)小时通行能力大约为 3 500 辆,占用第一车道或第三车道后的通行能力为 2 200 辆左右,占用中间车道后的通行能力大约为 1 800 辆,超过以上状况都会造成车辆缓行积压,每小时超过 500 辆大约造成 1.7km 拥堵段。根据目前统计数据,流量超过 2 200辆/h 的时段每天达到 10h 以上,流量超过 2 700 辆/h 的时段超过 6h,对桥面的日常维修保养及大中修的交通组织提出了很高的要求,如不合理安排,一到路面维修,就会造成十几公里的交通缓行。为保证维修施工的质量、安全、减少施工干扰,施工期间应对大桥交通进行合理组织,通过选择最佳施工时间、把控施工工期、采取临时借道等方式来保障车辆的有序通行,减少交通拥堵状况。

4.4.3.1 日常维修保养交通组织安排

施工期间交警和路政人员要加强桥面巡查,并在大桥两头设立交通管理点进行控制和指挥,清障车辆在大桥两头(或桥面适当地点)待命,发现车辆在桥面上抛锚或交通事故需尽快处理并及时清障,如预计时间较长,有必要进行交通控制,避免二次事故的发生。

日常维修保养主要是选择合适的时间,根据天气预报,选择适合施工的天气条件;根据流量规律,尽量将维修保养时间安排在一周中流量较小的日子、一天中流量较小的时段,并根据现场实际情况酌情调整施工时间;在施工过程中出现大流量情况,如条件允许,可暂时中断施工,待流量减小后继续。

除采取避开高峰期及节假日等直接措施外,积极探索和开展夜间维修也是一项有效措施。目前,夜间的车流量约为白天三分之一、小时流量低于 1 500 辆,因而将施工安排在夜间进行可显著降低对交通的影响。夜间施工的安全保证措施如下:

(1)施工前进行桥区电力系统及路灯检修,确保系统无故障隐患、路灯照明无缺损;实地检验照明是否满足施工要求,必要时配备补充照明光源或手持照明灯具,室外临时照明的设置应满足相关行业要求。

(2)施工前一周开始密切关注天气变化情况,尤其是夜间天气及气温,必须满足工艺要求的施工条件方可开工。

(3)确保过往车辆知晓施工信息,沿路设置醒目的标志标牌提醒过往驾驶员注意安全,标志桶、标志牌必须有较强的反光效果,夜间可能影响车辆安全通行的施工部位或设备设施,必须设置红色警戒照明。

(4)在人员安排上,夜间施工人员白天必须保证睡眠,不得连续作业,严禁安排体弱、带病、疲劳以及其他不适合夜间作业的人员进行夜间施工,夜间施工人员需穿戴反光工作服。

(5)施工单位应提前完成夜间施工的各项准备工作,夜间施工开始前 10 ~ 30min,安全员应完成施工区域的安全巡检(如机械、照明、通信等),检查符合夜间作业要求后方可进行施工,未符合要求,整改合格后方可施工。

(6)施工单位应制定落实夜间施工质量安全管理制度,明确职责,落实到位;实行夜间施工报备制度,事先制订夜间施工专项方案和应急预案,同时完善现场应急处置措施,做好各项应急准备。

(7)严格实行夜间值班与巡查制度,实行主要责任人值班带班制度,夜间当班的质量员、安全员必须自始至终在岗在位,并加大夜间巡查力度;

(8)严格隐蔽工程检查验收制度,对隐蔽工程进行夜间施工时,必须加强自检,并按规定提前通知监理工程师到现场检查验收,否则不得进行下一道工序施工。

夜间施工图及夜间施工安全措施示例见图 4.6、图 4.7。

4.4.3.2 大中修交通安排

主桥面大中修的时间一般需要连续 7 天以上的晴天,气温在 28℃以上,还要避开"五一""十一"和中秋等节日,受诸多条件限制,原则上大中修一年只安排一条车道,根据对大桥各车道通行能力的研究,封闭一个施工车道后该方向的通行能力约为 2 200 辆/h,超过该流量,占道施工必将造成车辆积压,若逆向车流量小于2 000 辆/h,可临时隔离出逆向第一车道,供施工一侧方向的车辆通行,以提高通行能力,如对向流量也超过2 000 辆/h,将不再借道。借道时,除了设置必要的标志标牌外,调度指挥中心需全程不间断对借道区域进行监控,根据上下行流量的变化智慧借道口的开放、关闭,收费站需组织引流保证借道区域仅供小轿车行驶,排障大队需安排人员在现场蹲守以快速处置事故、车辆故障等突发事件。临时占用对向车道示意图如图4.8所示。

图4.6 夜间施工图

a)警示牌

b)反光服

c)交警路政跟车示警

d)反光标志桶

图4.7 夜间施工安全措施

第一、二道

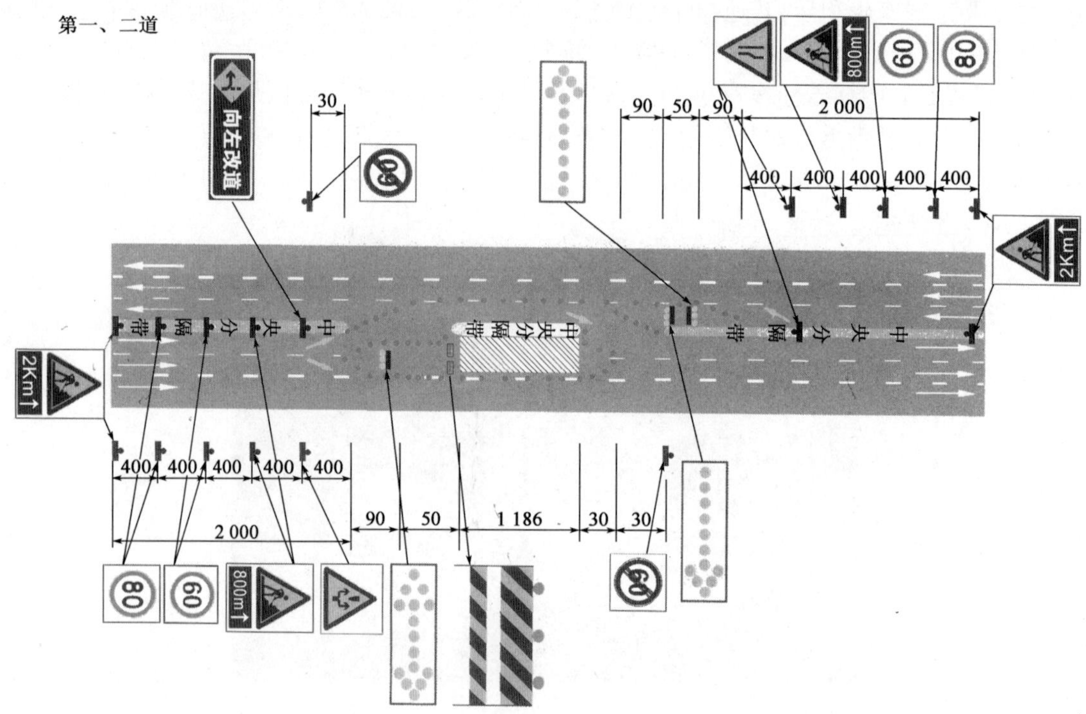

图4.8 临时占用对向车道示意图(尺寸单位:m)

施工单位安排富有经验和熟悉大桥现场情况的人员进行施工和现场管理,使用先进、高效、可靠的施工机械,并对易损件、易耗品等可能出现损坏的设备、原材料准备充足的备品备件。施工前,对全体人员进行安全技术交底,保证每一位参与施工的人员充分掌握施工的难点和重点;施工时,确保各施工步骤之间紧密衔接,减少不必要的时间浪费。养护大队安排人员进行现场监理,维护施工秩序,保证施工区域的封闭状态。

2011—2013 年大桥日均流量分别为 5.3 万辆、5.7 万辆和 6.3 万辆,通过无施工侧一个车道的调节(借道施工),基本能满足通行的需求。以实施上游第三车道试验段为例,其主要的施工交通组织为:首先施工机具与人员进场,进行施工准备。封闭上游第三车道和相邻第二车道紧靠施工区域的局部路段作为施工通道,其余车道(路段)则正常开放交通。然后料车按正常行车方向自江阴大桥主线收费广场掉头,绕至西半幅,在摊铺位置前 10 ~ 20m 处倒车至摊铺机前,卸料完毕后驶离工作范围,施工交通组织设计和交通管控措施分别如图 4.9 和图 4.10所示。

4.4.4 资金费用

在江阴大桥通车运营 18 年的时间内,公司领导者高度重视大桥铺装运营管理,曾多次联合国内企事业单位、高等院校、科研院所,就大桥日常病害检测维护、大中修方案实施以及钢桥面铺装结构方案优化等方面进行了一定的资金投入,到 2017 年年底为止,投入的研究、维修总费用约为 11 537 万元。

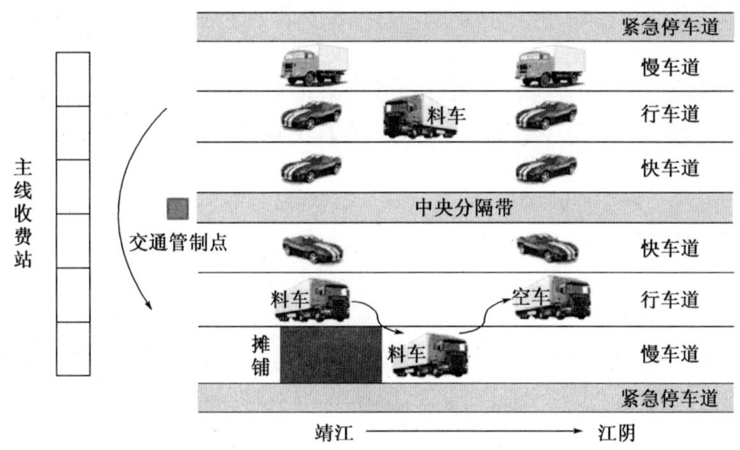

图 4.9 施工交通组织设计

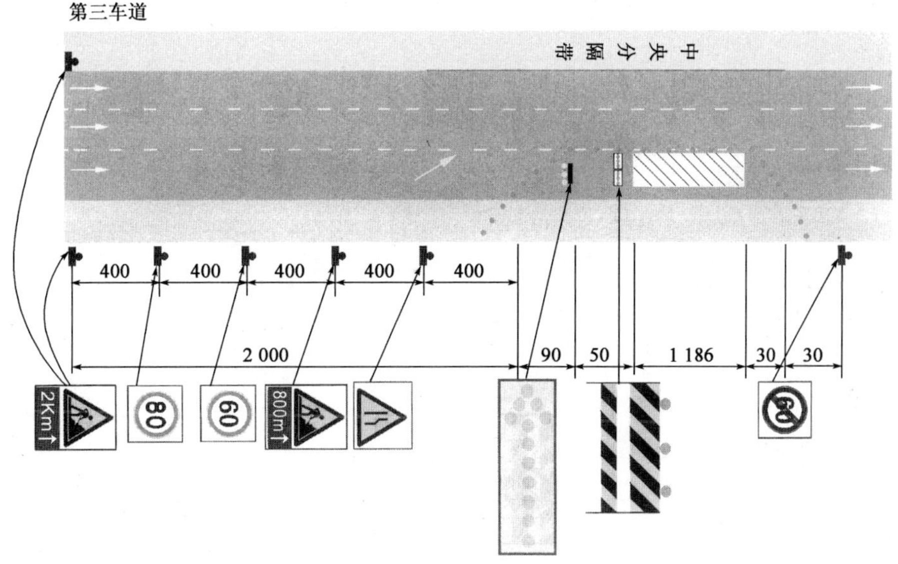

图 4.10 施工交通管控措施(尺寸单位:m)

日常维护方面,年资金投入基本维持在 80 万元以下,且每次大中修之后的两三年时间内小修保养费用明显降低,其余时间则随着服役年限逐年增长。

大中修方面,2003 年、2004 年、2010 年、2011 年、2012 年和 2013 年资金投入均超过千万元, 其中 2003 年铺装维修资金投入最高。而且由于上游第二、第三车道的重载车通过率较高,因此其维修次数在所有车道中也是最多的,需要重点关注。

研究加实桥试验方面共投入 1 180 万元,在既有资金的强力支持下,有力推进了大桥管养信息化、养护管理规范化和病害处治工作的顺利进行,相关成果多次获得省部级及以上奖项,其中《基于十七年养护大数据的江阴长江大桥钢桥面铺装技术》获得 2017 年度中国公路学会科学技术一等奖。

以热拌环氧沥青混凝土施工为例,对钢桥面铺装领域取得的关键性成果进行简要介绍。

4.4.4.1 铺装体系

江阴大桥采用双层热拌环氧沥青混凝土时,其铺装体系为:60 ~ 80μm 环氧富锌漆防锈层、0.4L/m^2 环氧树脂黏结层、环氧沥青混凝土铺装下层、0.6L/m^2 环氧树脂黏结层和环氧沥青混凝土铺装上层。

4.4.4.2 铺装材料

1)防水黏结层

钢桥面黏结材料采用环氧树脂黏结料,由环氧树脂和硬化剂混合搅拌而成,其技术要求分别如表4.4 和表4.5 所示。其中钢板与铺装层间的防水黏结层用量为0.4 L/m^2,上、下铺装层间的黏结层用量0.6L/m^2。

黏结料用环氧树脂的技术要求 表4.4

技术指标	技术要求	试验方法
黏度(25℃,Pa·s)	1 ~ 5	JTG E20—2011 T0625
环氧当量	170 ~ 200	GB/T 4612—2008
闪点(COC,℃)	≥130	JTG E20—2011 T0611
密度(25℃,g/cm^3)	1.00 ~ 1.30	GB/T 15233—2008
外观	淡黄色透明液体	目视

黏结料用硬化剂的技术要求 表4.5

技术指标	技术要求	试验方法
黏度(25℃,Pa·s)	0.50 ~ 1.10	JTG E20—2011 T0625
闪点(COC,℃)	≥145	JTG E20—2011 T0611
密度(25℃,g/cm^3)	0.80 ~ 1.00	GB/T 15233—2008
外观	淡黄褐色液体	目视

2)环氧沥青结合料

环氧沥青结合料采用环氧树脂改性剂与掺配沥青按照50:50 的质量比例混合而成,其中掺配沥青可选用70 号基质沥青(Shell 或者 SK)、I-C 型 SBS 改性沥青和 I-D 型 SBS 改性沥青,技术要求如表4.6 所示。环氧树脂改性剂由环氧树脂和硬化剂按照56:44 的质量比例混合而成,其技术要求分别如表4.7 和表4.8 所示,环氧树脂改性剂和环氧树脂改性沥青的技术要求分别如表4.9 和表4.10 所示。

掺配沥青技术要求 表4.6

技术指标	技术要求			试验方法
	70 号基质沥青	SBS 改性沥青(I-C)	SBS 改性沥青(I-D)	
针入度(25℃,100g,5s,0.1mm)	60 ~ 80	60 ~ 80	40 ~ 60	JTG E20—2011 T0604
延度(15℃,5cm/min, cm)	≥100	—	—	JTG E20—2011 T0605

续上表

技术指标		技术要求			试验方法
		70 号基质沥青	SBS 改性沥青(I－C)	SBS 改性沥青(I－D)	
软化点(环球法,℃)		≥46	≥55	≥60	JTG E20—2011 T0606
针入度指数 PI		－1.5～1.0	－0.4	0	JTG E20—2011 T0604
溶解度(%)		≥99.5	≥99	≥99	JTG E20—2011 T0607
闪点(℃)		≥260	≥230	≥230	JTG E20—2011 T0611
RTFOT 后	质量变化(%)	－0.8～＋0.8	－1.0～＋1.0	－1.0～＋1.0	JTG E20—2011 T0610
	针入度比(25℃,%)	≥61	≥60	≥65	
	延度(10℃,cm)	≥6	—	—	

改性剂用环氧树脂的技术要求　　表 4.7

技术指标	技术要求	试验方法
黏度(25℃,Pa·s)	1～5	JTG E20—2011 T0625
环氧当量	190～210	GB/T 4612—2008
闪点(COC,℃)	≥230	JTG E20—2011 T0611
密度(25℃,g/cm³)	1.00～1.20	GB/T 15233—2008
外观	淡黄色透明液体	目视

改性剂用硬化剂的技术要求　　表 4.8

技术指标	技术要求	试验方法
黏度(25℃,Pa·s)	0.10～0.80	JTG E20—2011 T0625
闪点(COC,℃)	≥145	JTG E20—2011 T0611
密度(25℃,g/cm³)	0.80～1.00	GB/T 15233—2008
外观	淡黄褐色液体	目视

环氧树脂改性剂技术要求　　表 4.9

技术指标	技术要求	试验方法
重量比(环氧树脂:硬化剂)	56:44	称量法
拉伸强度(23℃,MPa)	≥3.0	GB/T 2567—2008
断裂延伸率(23℃,%)	≥100	GB/T 2567—2008

环氧树脂改性沥青技术要求　　表 4.10

技术指标	技术要求	试验方法
重量比(环氧树脂改性剂:掺配沥青)	50:50	称量法
针入度(25℃,0.1mm)	5～20	JTG E20—2011 T0604
软化点(℃)	≥100	JTG E20—2011 T0606
拉伸强度(23℃,MPa)	≥2.0	GB/T 2567—2008
断裂延伸率(23℃,%)	≥100	GB/T 2567—2008

3)集料与矿质填料

钢桥铺装所用集料与矿质填料均应满足《公路改性沥青路面施工技术规范》(JTJ 036—98)中对应于“高速公路”的所有要求。

4.4.4.3 施工工艺

1)喷砂除锈

清除原有铺装材料,对钢桥面进行喷砂除锈,处理后的钢桥面板表面应达到 GB/T 8923.1—2011 标准 Sa2.5 的要求。

2)防水黏结层施工

在环氧富锌漆表面(包括所有重新涂漆的表面)彻底干燥至少 24h 后,用非离子型生物可降解清洁剂将待铺装区域清洗干净,然后用硬毛扫帚或机械式扫地机彻底扫刷表面。

喷涂环氧树脂黏结料前,将环氧树脂和硬化剂分别加热到 50 ~ 60℃,以 1:1 的比例混合后搅拌 5min 使其充分混合,以备喷涂,喷涂量为 0.4kg/m^2。

3)黏结层施工

黏结层的施工工艺与防水黏结层的工艺大致相同,喷涂量为 0.5 kg/m^2。

4)环氧沥青混凝土生产

在拌制环氧沥青混合料之前,应将掺配沥青加热到预订温度,其中 70 号基质沥青加热到 150℃、SBS 改性沥青(I-C、I-D)加热到 165℃,环氧树脂结合料加热到 60℃储存,矿料加热到 180℃。

当矿料的出料温度稳定在规定范围内后,即可加入环氧树脂结合料进行混合料的拌和。按照生产配合比设计确定的油石比设定混合机的流量,并喷入拌缸中。干拌 5 ~ 10s,湿拌 45 ~ 50s。拌和的环氧沥青混合料应均匀一致,所有矿料颗粒应全部裹覆沥青结合料,无花白料、死料、无结团成块或粗集料离析现象。将热混合料卸入临时热料斗中,立即测温。要求混合料温度在 165 ~ 180℃,温度高于 190℃时,混合料应当废弃处理。

5)环氧沥青混凝土摊铺

运料车将混合料运至前场后停在料车等待区,前场测温员立即进行测温,计算混合料的容留时间,及时调整摊铺速度。

6)养护

热拌环氧沥青混凝土铺装施工完毕后,要进行养护。采用自然养护方式。养护期暂定 7 ~ 15d,具体养护期根据施工进度与现场试验确定。在此期间严禁车辆通行。

4.4.5 成果统计

从 1999 年通车以来,公司领导者对江阴大桥钢桥面铺装模式进行了持之以恒的探索,取得了丰富的研究成果,形成的铺装施工体系和修复处治工艺成功应用于国内 30 余座钢桥铺装工程中,并出版专著 1 部,发表期刊论文 20 余篇,授权国家专利 1 项,国家发明专利公开 2 项,获得省部级奖励 2 项,如图 4.11 ~ 图 4.13 所示。

图 4.11　专著

图 4.12　国家专利证书

图 4.13　省部级奖励证书

4.5　病害养护处治工艺

4.5.1　裂缝修复材料与工艺

4.5.1.1　修复材料

裂缝快速修复材料除了需要具备防水、抗渗性好、与原铺装有较好黏结强度以及相容性之外,还需要具有以下方面的性能[32-34]:

(1)细小裂缝修复时需要黏度较小、易于灌缝的材料。

(2)具有足够的强度,防止裂缝修复后出现二次开裂。

(3)固化时间相对较短,修复后能较快恢复交通。

根据上述分析的裂缝修复材料的性能要求,结合历年来养护维修经验,研究主要对以下材料进行性能试验研究:DC-Ⅰ型和 DC-Ⅱ型环氧树脂灌缝胶。

1)黏度试验

黏度试验是为了考察材料是否可以方便灌入细小裂缝以及灌入裂缝后能否较好地渗到更细小的裂缝深处,检验填缝材料的工作可灌性是否满足要求[32]。希望材料的黏度在刚刚混合两组分时非常小,即材料非常稀,便于修复材料灌入裂缝内;但是在灌入裂缝内部以后,则希望材料固化反应较快,逐渐形成强度,在满足工作时间要求的前提下,材料的固化时间越短越好,能实现快速恢复交通,为裂缝修复节约时间。对于较宽裂缝而言,黏度要求可以适当放宽[33]。

考虑模拟修复施工时材料的拌和量和实验室的试验条件,选择两组分质量之和为200g,用标准恒温水浴箱来模拟施工过程中相对稳定的环境温度(图4.14)。各类材料的黏度试验结果如下。

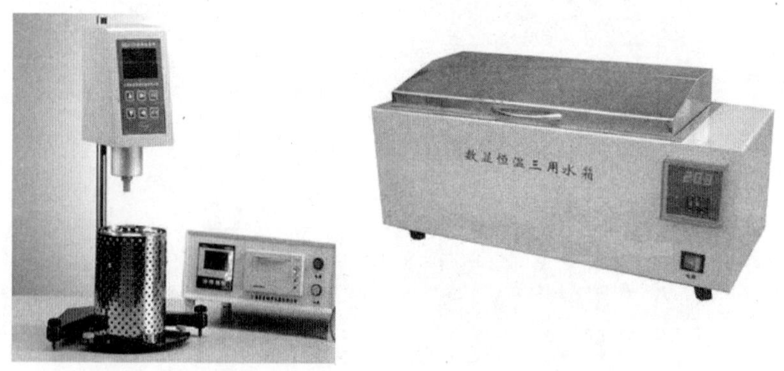

图4.14　布洛克菲尔德黏度计和标准恒温水浴箱

(1)DC-I型黏度特性

由图4.15可知,DC-I型修复材料自两组份混合搅拌均匀后,其黏度大小变化很小,随着温度的升高,黏度下降到最小值后保持很长一段时间,又急剧升高。从对材料的多组实验分析,总结出该材料的固化时间为65min左右,且黏度最小值为300cp,并保持20min左右。由于其黏度相对较小,因此对于灌入细小裂缝最为有利,而且灌入裂缝的最佳时间为黏度最小时的20min。同时可以看到,DC-I型的开始固化时间为65min,因此该材料能够较早形成强度,满足快速修复的要求。

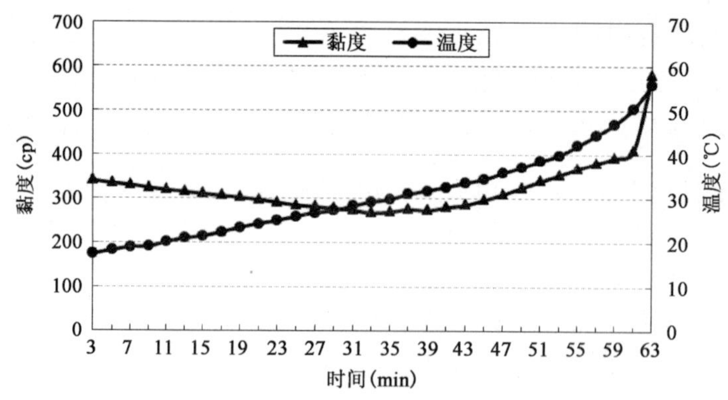

图4.15　DC-Ⅰ型黏温曲线图

(2)DC-Ⅱ型黏度特性

从图4.16可以看出,DC-Ⅱ型在完全固化前黏度随着温度的升高而降低,这是因为混合后的固化反应放热,使得混合后修复材料温度逐渐升高,导致材料黏度的逐渐降低。同时伴随着温度的升高,固化反应速度逐渐加快,使黏度呈上升趋势,在这两种趋势的综合作用下,最终使得混合料的黏度先呈下降趋势,最后呈上升趋势,并且最后时刻黏度上升有一个突变点。由试验可知,在气温20℃左右的环境中,从开始拌和修复材料至灌缝结束,DC-Ⅱ型工作时间为40min。

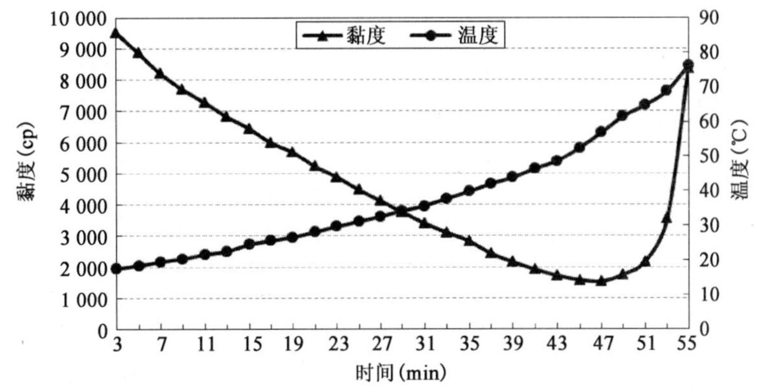

图4.16 DC-Ⅱ型黏温曲线图

2)黏结性能

拉拔试验是用来检测裂缝修复材料本身的黏结与抗拉性能[35]。试验参照GB 5210—1985中的拉开法,同时参考国际标准ISO 4624—1978进行试验的设计。试验结果如表4.11所示。

修复材料的拉拔强度　　表4.11

修复材料	拉拔强度均值(MPa)	试验温度(℃)	破坏位置
DC-Ⅰ型	7.2	21	钢板与黏结层间
DC-Ⅱ型	7.7	21	钢板与黏结层间

由表中的试验结果可知,DC-I型和DC-Ⅱ型修复材料的黏结强度远远大于钢桥铺面混凝土材料的抗拉强度(约5.5MPa),这说明前者与钢板的黏结强度较大,可以用作钢桥铺面的裂缝修复材料。

3)拉伸试验

拉伸强度不同于拉拔强度,拉拔强度是指裂缝填封材料与裂缝缝壁的黏结力,而拉伸强度则是指材料本身的强度。断裂延伸率是裂缝填封材料在拉伸情况下伸长量与原长度的比值,反映材料的变形能力。由于钢桥铺面裂缝在汽车荷载作用下以及温度变化引起的胀缩会使裂缝缝宽发生变化,所以用于修复裂缝的材料要有一定的变形能力,以满足钢桥铺面裂缝位移的要求[36]。试验结果如表4.12所示。

修复材料拉伸强度及断裂延伸率　　表4.12

修复材料	拉伸强度均值(MPa)	断裂延伸率均值(%)	试验温度(℃)
DC-Ⅰ型	12.28	47.31	21
DC-Ⅱ型	11.04	63.02	21

由表4.12可知,DC-Ⅰ型和DC-Ⅱ型修复材料的拉伸强度(大于8MPa),与钢桥铺面混凝土的拉伸强度(5~6MPa)相比,此拉伸强度满足裂缝修复对材料抗拉伸强度的要求;断裂延伸率亦满足要求。

4)黏结强度随养护时间的变化规律

对于不同类型的裂缝修复材料,两组分混合后,从其开始固化到完全固化所需要的时间是不同的。为了实现快速修复,需要求修复材料在较短时间内达到相应强度。为此,本节对修复材料固化养护时间—黏结强度进行试验研究,以考察修复材料能否实现快速修复的效果。试验步骤与修复材料黏结性能试验相近,结果如表4.13所示。

修复材料黏结强度与养护时间关系　　表4.13

材料名称	4h	8h	12h	最大强度(MPa)	达到最大强度时间(h)
DC-Ⅰ型	1.0	3.4	7.2	7.2	10
DC-Ⅱ型	0.5	3.0	7.7	7.7	11

从表4.13可以看出,修复材料的强度随着养护时间逐渐增大,DC-Ⅰ型和DC-Ⅱ型两类材料所需时间较短,8~10h即可恢复交通。

4.5.1.2 修复工艺

钢桥面铺装裂缝类施工工艺主要分为以下三类:对于铺装开裂初期出现的纵向裂缝、横向裂缝等较规则的线状裂缝,采用灌缝施工法进行处理;对于包括放射性裂缝、裂缝内部含有较多油污、汽车燃油等无法处理的特殊裂缝,采用填缝施工法进行处理;而对于铺装后期出现的局部网裂、龟裂等严重病害则需要采取晚期鼓包修补的方法进行处理。其中放射性裂缝是指裂缝表面宽度较宽,水分下渗较深,难以靠曝晒干燥处理,裂缝内部可能存在部分唧浆病害的裂缝[37-38]。

1)灌缝施工法

灌缝施工法适用于裂缝宽度小于2mm的规则性线状裂缝,由于裂缝宽度较小,结合上述试验研究,选用黏度较小的DC-I型环氧树脂灌封胶,具体施工工艺如下,施工流程如图4.17所示。

(1)封闭交通

以《公路养护安全作业规程》(JTG H30—2015)的规定摆放指示标志,并在专人指挥下进行交通封闭。

(2)施工准备

包括材料、设备和人员的准备工作,其中施工材料选择DC-I型环氧树脂灌缝胶;所需设备包括高压吹风机、棕毛刷、钢丝刷、红外线灯、灌缝机等(图4.18);施工人员应提前做好安全技术交底工作,保证施工质量。

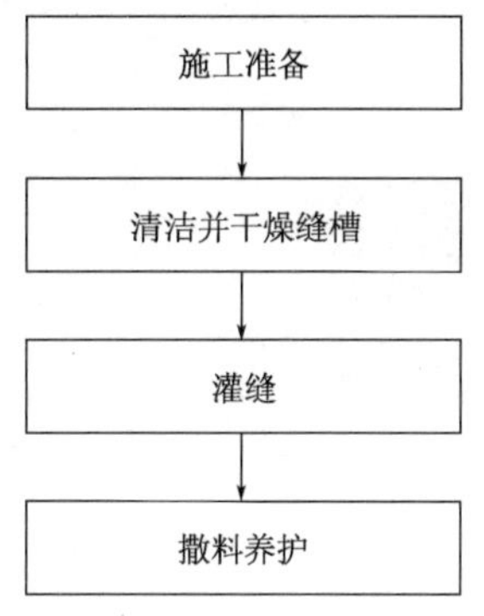

图 4.17　灌缝施工法工艺流程

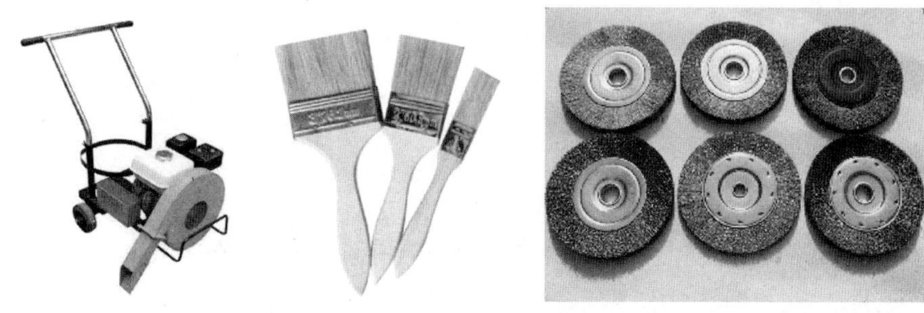

图 4.18　高压吹风机、棕毛刷和钢丝刷

(3)缝槽的清洁和干燥

采用高压吹风机、空气压缩机、钢毛刷等对裂缝缝槽进行清洁,保证相关垃圾杂物在距离开槽处 0.5m 以上的距离;之后采用鼓风机或红外线灯加热装置对开槽缝隙处进行加热干燥,促进灌封胶与铺装层之间的黏附性,同时还能有效去除开槽缝隙表面的潮气。

(4)灌缝

施工前对 DC-Ⅰ型环氧树脂灌缝胶提前加热至适宜的施工温度,然后将其倒入至灌缝机内,使用灌缝机准确进行灌缝操作。

(5)撒料养护

将细集料(如 4 号料)均匀撒布在灌缝表面,常温下静置 15min,随后即可开放交通。

2)填缝施工法

填缝施工法适用于需进行开槽处理的特殊裂缝,或裂缝宽度大于 2mm 的较宽裂缝,修复材料选择为黏结强度较大的 DC-Ⅱ型环氧树脂灌封胶,具体施工工艺与灌缝施工法类似,不过除上述施工设备之外,还需要增加刻槽机和金刚锯(图 4.19),在缝槽清洁与干燥之前进行开槽处理,刻槽断面应具有垂直边缘且均匀,保证开槽宽度和长度能够兼顾到裂缝的实际形状。

另外,对于开槽宽度大于 1cm 的拓宽裂缝,仅采用灌封胶材料可能会降低铺装层的整体强度,可以预先在裂缝内部填充洁净的细集料(如 4 号料),再进行黏结剂的灌缝处理。

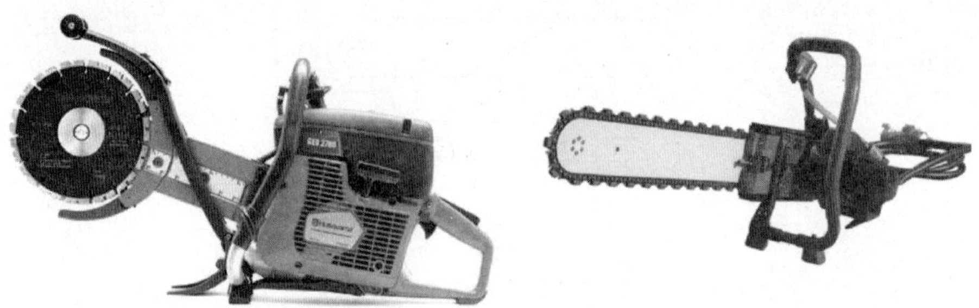

图 4.19　刻槽机与金刚锯

4.5.2　鼓包修复材料与工艺

4.5.2.1　修复材料

鼓包病害一般是由于施工时残留在铺装层内部的水汽而造成的,在铺装层投入使用期间由于汽化作用而将铺装层顶起,形成的表面隆起现象,在行车荷载的反复作用下会产生开裂。由于鼓包病害因承受荷载与调查时间不同而存在不同的破损阶段,大致可分为:早期鼓包、中期鼓包与晚期鼓包,其中早期鼓包是指在铺装层摊铺完成后 1 ~2 个工作日之内出现的圆形表面隆起现象,如图 4.20a)所示;中期鼓包是指在早期“隆起”的圆形范围根部出现的圆形裂纹,并有逐渐闭合的趋势,如图 4.20b)所示;晚期鼓包则表现为鼓包区域内混合料被压碎,完全丧失其承载能力,最终出现坑洞,如图 4.20c)所示。

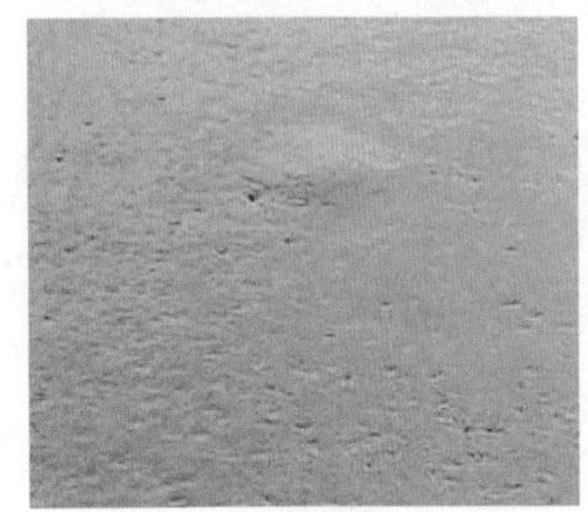

a)早期鼓包

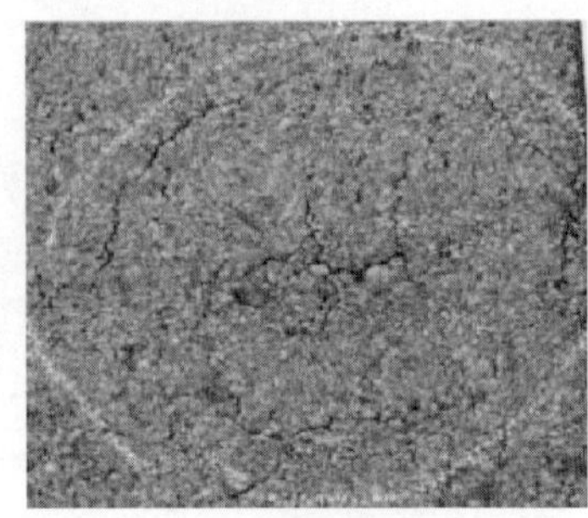

b)中期鼓包

c)晚期鼓包

图 4.20　不同阶段鼓包病害

对于早期鼓包,一般采用低黏度灌缝类材料进行密封处理,前文所述的 DC-Ⅰ型和 DC-Ⅱ型环氧树脂灌封胶即可满足要求,此处不再赘言。而对于中晚期鼓包,则需要采用开挖回填的方式对病害区域进行修复处治。在环氧铺装层鼓包回填修复材料的选择上需要满足以下性能要求:

(1)回填材料需操作简便,便于现场施工操作。

(2)回填材料在简便的操作下需具备较高的密水性能,便于修复材料的局部碾压施工。

(3)回填施工应该以不影响交通为原则。选择的回填材料固化时间应该在不影响可操作时间的前提下,尽可能短。

在鼓包回填修复材料比选中,选择了 DC-Ⅲ型高性能环氧树脂以及其作为结合料时形成的高强环氧沥青混凝土,它属于冷拌材料,常温下即可施工,操作便利。相关强度试验与马歇尔试验结果分别如表 4.14 和表 4.15 所示。

回填材料对比分析 表 4.14

原材料	材料主要强度指标			备注
	黏度(cp)	拉伸强度(MPa)	延伸率(%)	
DC-Ⅲ型高性能环氧树脂	295(23℃)	16.3	71	常温配置,固化时间短

不同修复材料马歇尔试验结果 表 4.15

结合料	油石比(%)	空隙率(%)	稳定度(kN)	流值(0.1mm)	可操作时间	备注
DC-Ⅲ型高强环氧沥青混凝土	6.6	2.8	89.2	23.1	23℃@40min	正反击实 50 次
	8.5	2.1	122.3	36.5	23℃@40min	正反击实 20 次
	9.0	2.2	103.5	38.4	23℃@40min	静置成型
	10.0	1.8	73.6	39.7	23℃@40min	静置成型

由表中试验数据可知,所选取的 DC-Ⅲ型高强环氧沥青混凝土具备较高的强度,远远大于原环氧沥青混凝土,而且施工操作又是在常温下进行,便于在现场进行回填操作。在实际施工操作时,可以根据实际情况选取不同的油石比,再匹配简单的手持式平板振动夯实仪,以达到最佳的路用性能。

4.5.2.2 修复工艺

1)早期鼓包

早期鼓包病害采用 DC-Ⅰ型和 DC-Ⅱ型环氧树脂灌缝胶进行维修,具体施工工艺如下,施工流程如图 4.21 所示。

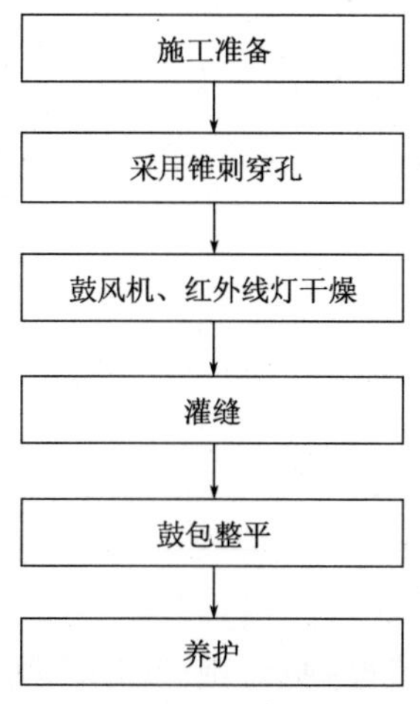

图 4.21 早期鼓包病害修复工艺流程

(1)封闭交通:以《公路养护安全作业规程》(JTG H30—2015)的规定摆放指示标志,并在专人指挥下进行交通封闭。

(2)施工准备:提前备好施工所用的材料和设备,其中施工材料为DC-Ⅰ型和DC-Ⅱ型环氧树脂灌缝胶,施工设备包括锥刺、热吹风机、红外线灯、裂缝灌注仪(图4.22)等。

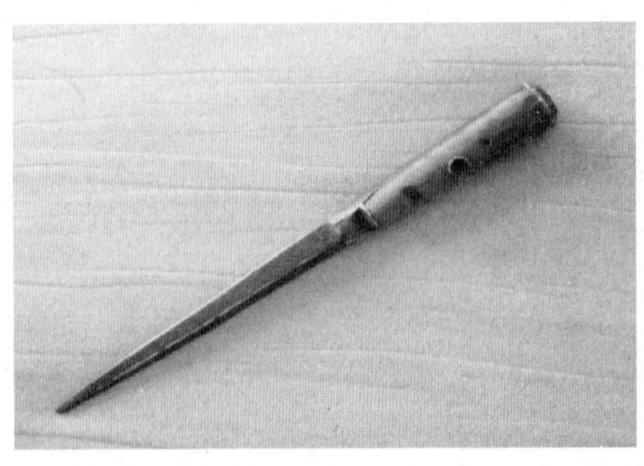

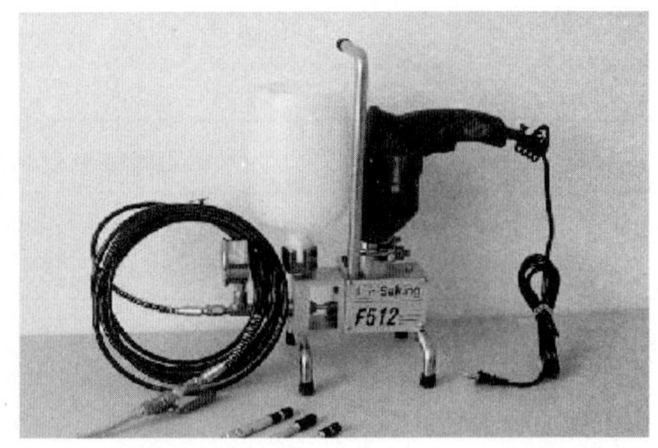

图4.22 锥刺与裂缝灌注仪

(3)采用锥刺穿孔:在鼓起范围的铺装层表面不同位置锥刺3~4个小孔(直径以0.3~0.6cm为佳,且鼓起范围内的最高点必须有一个锥刺孔),锥刺深度以达到鼓起底层位置为宜。

(4)干燥处理:利用热吹风机或红外线灯将热空气鼓吹到鼓包铺装层内部,待鼓包铺装层内湿气充分干燥并待温度冷却后即可进行灌缝处理。

(5)灌缝:按照"从最低处锥刺孔灌注黏结料"原则进行灌注,灌注可以采用注射器或专用裂缝灌注仪进行,待临近锥刺孔内有黏结剂渗出后,采用橡胶皮将该小孔堵住,如此往复,直至最高处锥刺孔内黏结剂渗出为止。

(6)鼓包整平:利用灌缝料将鼓起范围内的铺装表层出现的裂缝密封,用红外线灯将鼓包修复范围烘软,同时加速黏结剂的固化,并采用重物将鼓起范围压平,将多余黏结剂挤出,待灌缝料完全固化后即可开放交通。

2)中晚期鼓包

对于中晚期已出现严重裂缝和坑洞的鼓包病害,显然水分已经渗入铺装层内部,而产生的唧浆病害也导致铺装层内部有较多的细质填料,此时则需要采用DC-Ⅲ型修复材料进行开挖回填,具体施工工艺如下,施工流程如图4.23所示。

(1)封闭交通:以《公路养护安全作业规程》(JTG H30—2015)的规定摆放指示标志,并在专人指挥下进行交通封闭。

(2)施工准备:包括材料、设备和人员的准备工作,其中施工材料选择DC-Ⅲ型修复材料;所需设备包括钢丝刷、棕毛刷、高压吹风机、橡胶锤、平板振动夯等;施工人员应提前做好安全技术交底工作,保证施工质量。

(3)确定施工区域:按照"圆洞方补、斜洞正补"的原则,首先用粉笔划出鼓包病害区域的轮廓线,修复面积区域应比破损区域外延1~2cm。

(4)开槽成型:将原破损区域用切割机开槽切割处理,实际开挖面积应略大于鼓包病害面积,开挖深度应到达鼓包病害底部。

(5)清洁工作面:用铲子等工具对开槽区域清理,把松散、剥落的混合料剔除,进而采用钢刷、软毛刷清理基面或小扫帚清除干净,再用吹风机对表面除尘,最后采用鼓风机或红外线灯对开槽区域干燥处理。

(6)涂刷黏结剂:对于开槽区域的基面及四周涂布 DC-Ⅲ型高性能环氧树脂材料,涂布的黏结层应均匀、连续、用量准确,涂布量为 0.45 ~ 0.68 L/m^2,涂布超量、漏涂或少涂的地方应及时纠正。

(7)回填修复:在施工区域附近提前拌制好 DC-Ⅲ型高强环氧沥青混凝土,回填至开槽区域,并用抹子磨平修复面,对修复面积较大区域($\geq$0.3m^2)采用平板振动夯进行压实处理,面积较小修复区域($<$0.3m^2)采用橡胶锤或小型振捣设备压实;如果开槽较深($\geq$4cm),应将环氧沥青混凝土分 2 次或 3 次摊铺和压实,一般情况下,分层摊铺与否主要与原铺装结构保持一致。

(8)封闭处理表面:回填处理后需涂刷 SBS 防水涂料,封闭涂刷层不宜过厚,否则影响铺装层平整度,且不利于养生,控制在 0.5mm 左右。

(9)撒布碎石:最后在修复表面撒布碎石(1.18 ~ 2.36mm),以防止粘轮,影响修复效果。

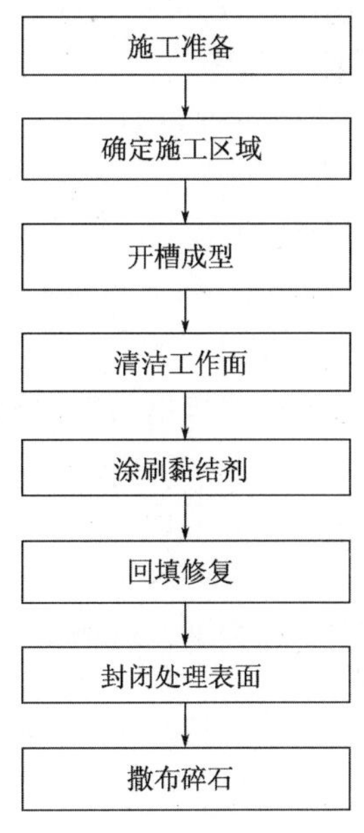

图 4.23 中晚期鼓包病害修复工艺流程

4.5.3 坑槽修复材料与工艺

与裂缝和鼓包类病害相比,坑槽的破损区域面积往往更大,对车辆的行驶舒适性和安全性影响也愈加明显。根据坑槽破损的严重程度,可将坑槽的修复方式分为两种:填料式修复和挖补式修复。其中填料式修复针对的是尺寸较小的坑槽,其破损面积小于 50cm^2,且破损深度小于1.5cm;挖补式修复则针对尺寸相对较大的坑槽,其破损面积大于50cm²,或破损深度大于1.5cm。

4.5.3.1 填料式修复

填料式修复是一种处理小型坑槽的快速修复方式,维修时间短、设备要求简单,适用于不利季节时的坑槽修复与紧急情况下的抢修。所采用的修复材料主要为粒径范围在1.18~2.36mm的细集料和DC-Ⅲ型高性能环氧树脂,其主要的修复工艺如下,施工流程如图4.24所示。

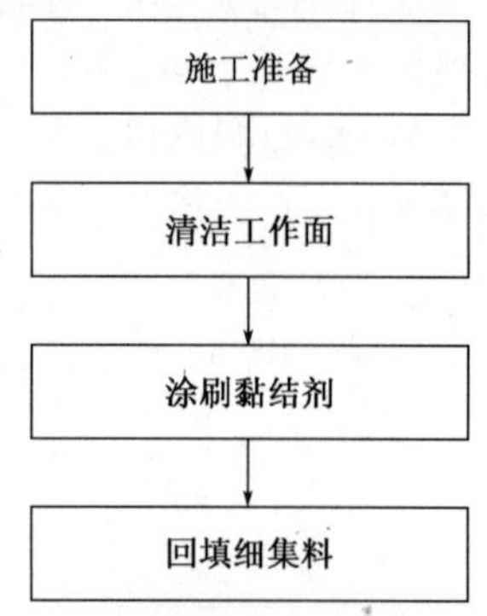

图4.24 填料式修复坑槽工艺流程

(1)封闭交通:以《公路养护安全作业规程》(JTG H30—2015)的规定摆放指示标志,并在专人指挥下进行交通封闭。

(2)施工准备:包括材料、设备和人员的准备工作,其中施工材料选择DC-Ⅲ型高性能环氧树脂和粒径范围在1.18~2.36mm的细集料;所需设备包括钢丝刷、棕毛刷、红外线灯等;施工人员应提前做好安全技术交底工作,保证施工质量。

(3)清洁工作面:利用钢丝刷与棕毛刷将坑槽内的浮动颗粒与灰尘清除干净,并采用红外线灯加热干燥处理。

(4)涂刷黏结剂:采用棕毛刷将拌和好的DC-Ⅲ型高性能环氧树脂涂刷至坑槽基底及四周。

(5)回填细集料:将细集料回填至坑槽内部及坑槽边缘的四周1cm范围左右,略高于周围铺装层,利用桥上车辆的反复碾压即可压实。

4.5.3.2 挖补式修复

对于破损面积较大的坑槽而言,简单的填料式修复将不能满足铺装层强度要求,因此需要对破损位置进行开挖回填。在回填材料的选择上,一般有热补沥青混合料和冷补沥青混合料两种[39-40],分别介绍如下。

1)热补修复材料与工艺

热补法修复材料采用DC-Ⅳ型热拌环氧沥青混合料,由集料、矿粉、环氧树脂、基质沥青材料拌和而成,其中环氧树脂作为结合料,由主剂和固化剂双组分组成,在常温下按质量比混合配制而成。

首先根据施工区域面积计算得到各档集料用量,倒入拌和锅内加热,去除水汽;进而将主剂、固化剂与基质沥青按质量比配制成环氧沥青;最后将拌和好的环氧沥青倒入集料中拌和,配置成热拌环氧沥青混合料。

具体的修复工艺流程如下,施工流程如图4.25所示。

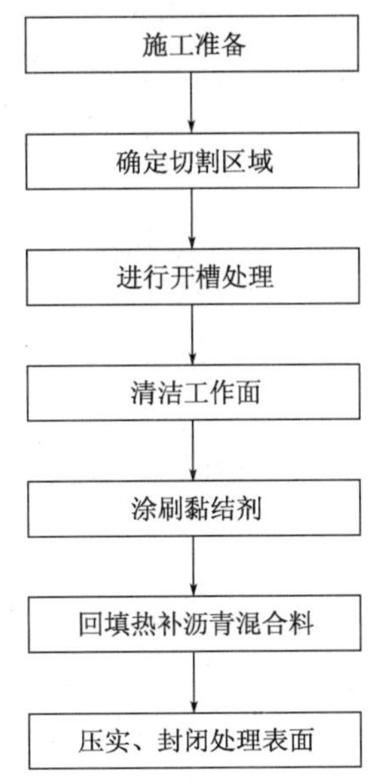

图4.25　坑槽热补修复工艺流程

(1)封闭交通:以《公路养护安全作业规程》(JTG H30—2015)的规定摆放指示标志,并在专人指挥下进行交通封闭。

(2)施工准备:包括材料、设备和人员的准备工作,其中施工材料选择DC-Ⅳ型热拌环氧沥青混合料,黏结剂选用环氧树脂;所需设备包括钢丝刷、棕毛刷、红外线灯、高压吹风机、平板振动夯、橡胶锤等;施工人员应提前做好安全技术交底工作,保证施工质量。

(3)确定施工区域:按照"圆洞方补、斜洞正补"的原则,首先划出所需修补处的轮廓线,修复面积区域应比破损区域外延1~2cm。

(4)开槽成型:将原破损区域用切割机开槽切割处理,切割的长度、宽度、深度根据现场破坏区域确定,并进行拉毛清底。

(5)清洁干燥:用铲子等工具对开槽区域清理,把松散、剥落的混合料剔除,进而采用钢刷、软毛刷清理基面或小扫帚清除干净,之后用吹风机对表面除尘,最后采用鼓风机或红外线灯对修复区域进行加热干燥处理。

(6)涂刷黏结剂:在坑槽修复的基面及四周涂布环氧树脂黏结剂,涂布的黏结层应均匀、连续、用量准确,涂布量为0.45~0.68 L/m^2,涂布超量、漏涂或少涂的地方应及时纠正。

(7)回填修复:将拌和好的热拌环氧沥青混凝土填于修复区,并用抹子磨平修复面,对修复面积较大区域(≥0.3m^2)采用平板振动夯进行压实处理,面积较小修复区域(<0.3m^2)采用橡胶锤或小型振捣设备压实;如果坑槽较深(≥4cm),应将环氧沥青砂浆分两次或三次摊铺和压实,一般情况下,分层摊铺与否主要与原铺装结构保持一致。

(8)封闭处理表面:坑槽区域处理后需涂刷 SBS 防水涂料,封闭涂刷层不宜过厚,否则影响铺装层平整度,且不利于养生,控制在 0.5mm 左右。

(9)洒布碎石:最后在修复表面撒布碎石(1.18 ~2.36mm),以防止黏轮,影响修复效果。

2)冷补修复材料与工艺

对于工程量较大、地点集中的桥面维修,采用前文所述的 DC-Ⅳ型热拌环氧沥青混合料是可行的,但对于地点分散、工程量小的路面维修不仅因数量小、拌和厂难以生产,再经过长距离运输保温和修补操作也感到不便,因此对于此类工程适宜选用 DC-Ⅴ型冷补环氧沥青混合料[41]。

DC-Ⅴ型冷补环氧沥青混合料采用同热补法相同的集料和矿粉,与之不同的是其结合料采用冷拌环氧沥青材料,其是由美国产半成品组分 A 与组分 B 按比例混合并在一定温度条件下经化学反应得到的固化物,它是一种全天候坑槽修补材料,具有修补及时、施工速度快的优点。其中 A 组分为环氧树脂,B 组分为环氧沥青固化剂,其具体技术参数要求如表 4.16 所示。

DC-Ⅴ型冷补环氧沥青技术参数 表 4.16

技术指标	技术要求	试验方法
A、B 组分混合比例	质量比 100:43,体积比 2:1	称重
颜色	透明、琥珀色	目测
密度(g/cm^3)	A 组分 1.1,B 组分 0.93,混合后 1.04	T0603—1993
黏度(25℃,$10^{-3}Pa\cdot s$)	A 组分 300,B 组分 250,混合后 275	T0625—2000
拉伸强度(23℃,MPa)	≥12	GB/T 528—1998
断裂延伸率(23℃,%)	≥70	

DC-Ⅴ型冷补环氧沥青混合料使用非常方便,当用于应急抢修时,可不进行圆坑方补、刷黏层油、干燥处理等传统热补负责的施工工序,只需做简单的清扫即可填料,即便坑槽内部有少许的粉尘、砂砾颗粒、积水等,也不会明显降低冷补料的路用性能。而且在没有压实设备的情况下,只需用运料车的轮胎往返碾压 4 ~5 遍即可,也可用铁锨人工拍打几下击实。具体的修复工艺如下,整个施工流程如图 4.26 所示。

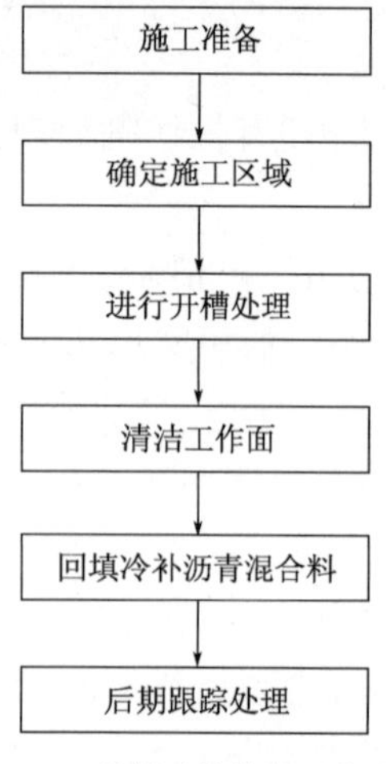

图 4.26 坑槽冷补修复工艺流程

(1)封闭交通:以《公路养护安全作业规程》(JTG H30—2015)的规定摆放指示标志,并在专人指挥下进行交通封闭。

(2)施工准备:包括材料、设备和人员的准备工作,其中施工材料选择 DC-Ⅴ型冷补环氧沥青混合料;所需设备包括钢丝刷、棕毛刷、高压吹风机、夯锤、振动式路碾机等;施工人员应提前做好安全技术交底工作,保证施工质量。

(3)确定施工区域:测定破坏部分的范围与深度,按"圆洞方补、斜洞正补"的原则,修复面积区域应比破损区域外延 1 ~2cm。

(4)开槽成型:将原破损区域用切割机开槽切割处理,切割的长度、宽度、深度根据现场破坏区域确定,并进行拉毛清底。

(5)清洁工作面:将待补坑槽松散物、灰尘或淤泥清除,喷洒乳化沥青。

(6)回填修复:倒入冷补料,松铺系数为 1.2 ~1.5,摊铺均匀,保证坑槽周边材料充足,但不要漫散至坑槽边沿外的路面;然后用夯锤或振动式路碾机压实,深度在 4cm 以上的坑槽必须分层投料夯实。

(7)后期处理:若经车辆行驶碾压后,修补处略有下沉,此时不必挖除坑内原填冷补材料,只需将更细一级的冷补料铺上压实即可;为防止此类情况的发生,通常使修补后坑槽表面略高于周围路面 5 ~10mm,运行一段时间后修补处即会与路面持平。

4.5.4 火损修复材料与工艺

4.5.4.1 修复材料

对于由火灾而导致的铺装层修复,需要根据火灾的持续时间和火灾的严重程度而定。短时间的小范围火灾可能只是影响铺装层的表面,但长时间持续的火灾会导致较大面积范围的破损。因此,对不同程度的火灾影响的铺装层修复需要采取不同的方法。在此规定,对于铺装层影响深度小于 5mm 的火灾成为小范围火灾,影响深度大于 5mm 的火灾称为严重火灾。

对于影响深度小于 5mm 小范围火灾而言,其修复材料和工艺同中晚期鼓包病害相同。对于影响深度大于 5mm 的严重火灾,通常采用 DC-Ⅴ型冷补环氧沥青混合料进行修复。

4.5.4.2 修复工艺

对于钢桥面铺装层中出现的严重火灾,具体修复工艺如下,施工流程如图 4.27 所示。

(1)封闭交通:以《公路养护安全作业规程》(JTG H30—2015)的规定摆放指示标志,并在专人指挥下进行交通封闭。

(2)施工准备:包括材料、设备和人员的准备工作,其中施工材料选择 DC-Ⅴ型冷补环氧沥青混合料;所需设备包括拖把、扫帚、鼓风机、电动搅拌器、钢丝刷、棕毛刷、高压吹风机、平板振动夯等;施工人员应提前做好安全技术交底工作,保证施工质量。

(3)确定施工区域:沿破损区域向外加宽至少 50mm,沿深度方向加深至少 25mm,用粉笔划出施工区域。

(4)火烧区域清理:施工区域先用拖把、扫帚扫清桥面尘埃、杂物,如有油污,须用适当浓度的非离子型肥皂粉溶液清洗,最后用可饮用水彻底冲洗干净,清洁范围应略大于施工范围。

使用磨光机清理施工火烧区域,除去表面掩藏浮沉、细小颗粒等杂物。对火烧部分先把松动的铺装层进行人工凿除,使用鼓风机吹净杂物,确保无灰尘、污物并且该区域范围内无水分。

(5)涂刷黏结料:根据铺装面积与涂刷量准确计量主剂和固化剂的使用量,倒入混合容器内,采用小型手持电动强力搅拌器搅拌不少于60s;将拌和均匀后的黏结料倒在涂刷范围内,用棕毛刷进行手工涂布,要求涂布均匀,涂布量0.8kg/ m^2。

(6)冷拌混合料摊铺施工:黏结料涂布结束后,紧接着进行冷补混合料的配置,重量根据现场修补面积适当放宽,将拌和好的混合料根据现场实际状况采用人工摊铺,然后用振动夯压实3~4遍,压实完毕后立即进行人工磨平。

(7)封层撒布:冷补混合料摊铺完成后静置3h以上,待混合料有一定强度后进行封层撒布,撒布范围为整个过火面积,拌和前根据铺装面积与涂刷量(0.8kg/m^2)准确计量主剂和固化剂的使用量,倒入混合容器内,采用小型手持电动强力搅拌器搅拌不少于60s;将拌和均匀后的封层油倒入塑料桶,用滚筒及棕毛刷进行手工涂布,要求涂布均匀;涂布完成后使用矿料按照如表4.17所示的配比要求按照5.0kg/m^2 配置冷料,混合搅拌均匀后,根据现场实际状况可采用人工撒布或机械撒布。

矿料级配要求　　表4.17

筛孔尺寸(mm)	2.36	1.18	0.6	0.3	0.15	0.075
通过百分率(%)	100	80~90	50~70	35~45	20~30	4~6

(8)养护:施工完毕后,养护时间根据材料强度、气温条件决定,根据以往经验,一般养护3~7d即可开放交通。

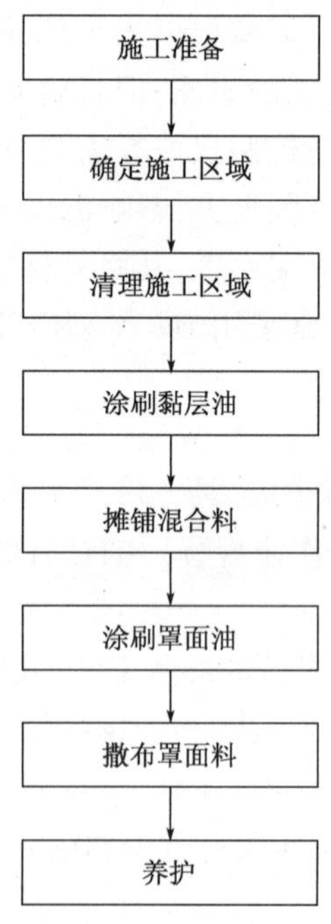

图4.27　火损病害修复流程

4.5.5 养护处治工艺总结

为便于对钢桥面铺装病害采取针对性处治措施，将裂缝、鼓包、坑槽和火损等病害在不同阶段的修复方法、修复材料总结如表4.18所示。

养护处治工艺汇总　　表4.18

病害类型		修复方法	修复材料
裂缝	线性裂缝	灌缝施工	DC-Ⅰ型
	特殊裂缝	填缝施工	DC-Ⅱ型
	网裂、龟裂	开挖回填	DC-Ⅲ型
鼓包	早期鼓包	灌浆处理	DC-Ⅰ型、DC-Ⅱ型
	中晚期鼓包	开挖回填	DC-Ⅲ型
坑槽	小坑槽	填料式修复	DC-Ⅲ型
	大坑槽	挖补式修复	DC-Ⅳ型、DC-Ⅴ型
火损	小范围火灾	开挖回填	DC-Ⅲ型
	严重火灾	挖补式修复	DC-Ⅴ型

4.6 跟踪效果评价

4.6.1 裂缝病害

为了检验钢桥面铺装裂缝处治工艺和修复材料的使用性能，公司委托东南大学桥面铺装课题组进行了现场裂缝试验修复。裂缝处治位置为慢车道轮迹带，钢桥面铺装裂缝出现较为集中的路段，且处于上坡段。所选路段慢车道轮迹带裂缝已大量形成，部分裂缝上方已经泛黄，裂缝已经发展到钢板位置，如图4.28所示。

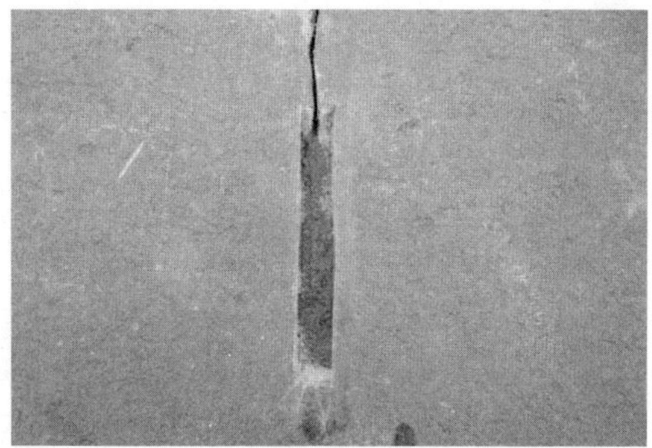

图4.28　裂缝现场修复试验

由于裂缝宽度大于2mm，属于较宽裂缝，因此选择填缝施工法进行维修。按照上述施工工艺，采用切割机对裂缝进行切割处理，清洁并干燥施工区域，选用DC-Ⅱ型环氧树脂灌缝胶进行修复。

在现场修复中,由于槽口较宽,因此在修复材料中添加了细砂(铺装专用4号料)。铺装裂缝材料填满以后,为增加铺装摩擦系数,在修复表面撒细砂覆盖,完成修复,如图4.29a)所示。在经过近1年的行车考验后,对修复位置重新考察,裂缝四周并未发现裂纹,与周围铺装层黏结良好,表现出较为优异的使用性能,如图4.29b)所示。

a)修复完成　　b)使用1年后

图4.29　处治后的钢桥面铺装裂缝

4.6.2　坑槽病害

为检验坑槽病害处治工艺和修复材料的使用性能,东南大学桥面铺装课题组对坑槽病害施工前后的对比图片进行了拍照记录,部分施工对比图片如表4.19所示。由于坑槽区域面积较大,施工中选择了挖补式修复的方法,采用的修复材料为DC-Ⅴ型。

江阴大桥坑槽维修施工图　　表4.19

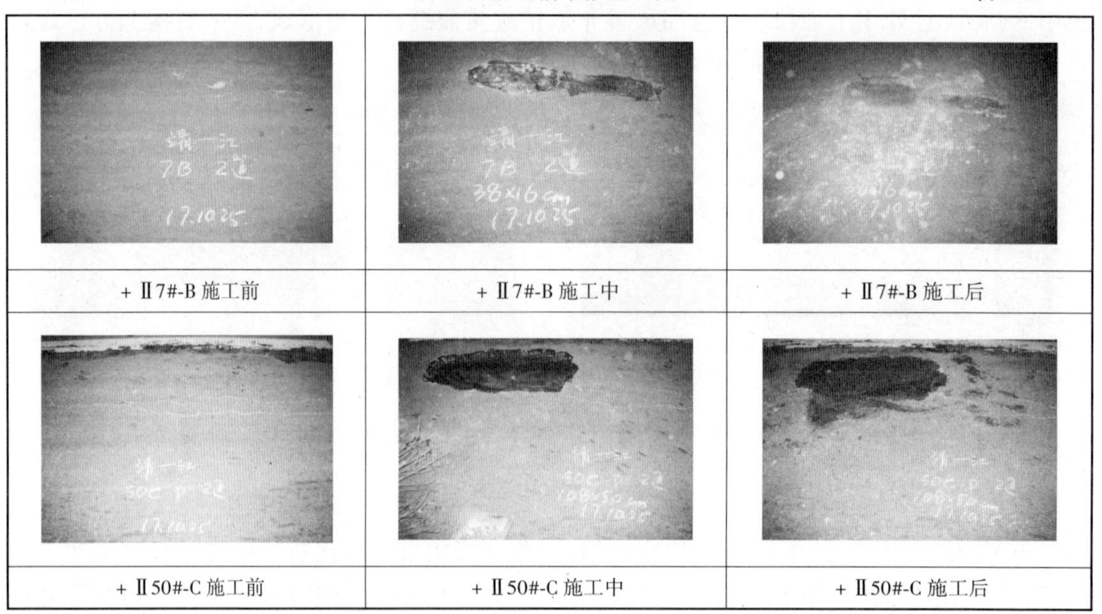

+Ⅱ7#-B 施工前	+Ⅱ7#-B 施工中	+Ⅱ7#-B 施工后
+Ⅱ50#-C 施工前	+Ⅱ50#-C 施工中	+Ⅱ50#-C 施工后

续上表

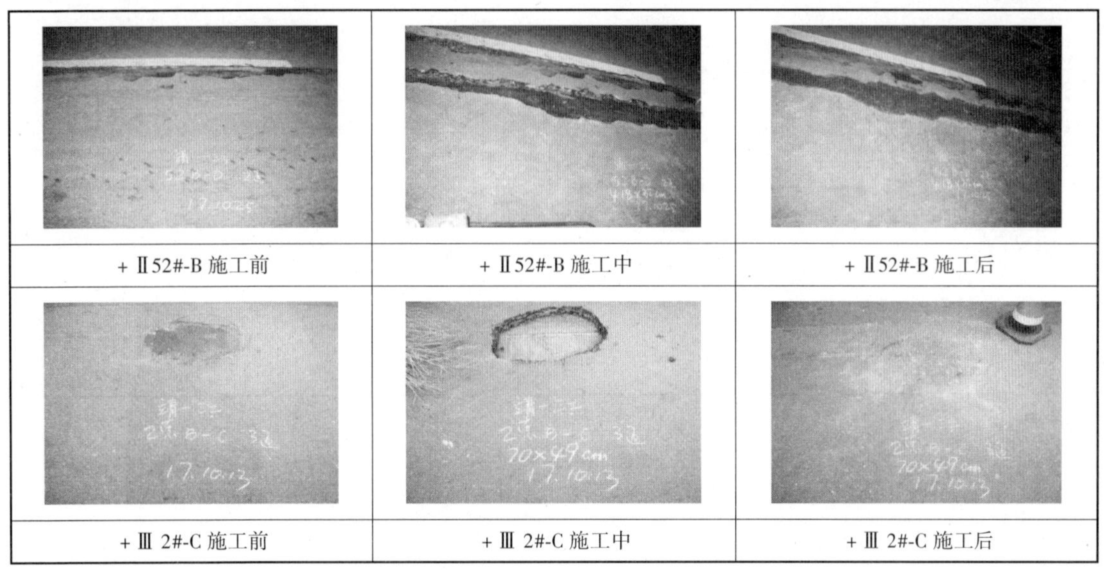

+ Ⅱ52#-B 施工前	+ Ⅱ52#-B 施工中	+ Ⅱ52#-B 施工后
+ Ⅲ 2#-C 施工前	+ Ⅲ 2#-C 施工中	+ Ⅲ 2#-C 施工后

使用半年后对上述区域进行跟踪观测，如表 4.20 所示。可以看到，铺装层表面以及四周并未出现二次破损，新旧铺装层在车辆的反复作用下已逐渐形成一个整体。

江阴大桥坑槽维修跟踪观测 表 4.20

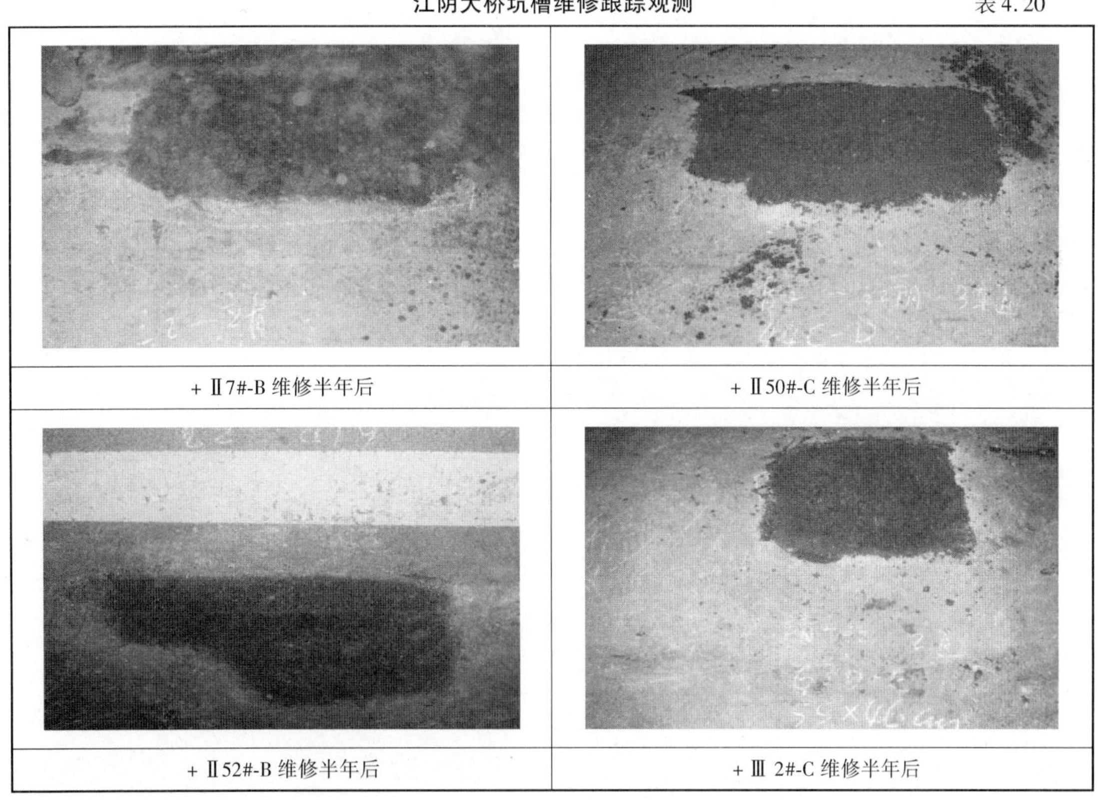

+ Ⅱ7#-B 维修半年后	+ Ⅱ50#-C 维修半年后
+ Ⅱ52#-B 维修半年后	+ Ⅲ 2#-C 维修半年后

⑤ 桥面铺装养护技术创新

根据钢桥面铺装养护工作需求及发展目标，为确保实现“科学养护”的管理方式，公司围绕钢桥面铺装病害及其养护工作，联合东南大学开展了铺装层病害检查、日常养护维修等多项科研项目。2017年，钢桥面铺装层养护工作投入进一步增大，科研投入创历史新高，并取得了系列研究成果，已成功应用于江阴大桥的养护工作中。

5.1 便携式病害信息存档

随着我国多座大跨钢桥运营年限逐渐增长，对钢桥面铺装病害和养护的认识也逐步提升，对养护技术、质量和效率提出了新的要求。2015年国务院下发了《积极推进“互联网 + ”行动的指导意见》《促进大数据发展行动纲要》等重要文件。2016年交通运输部组织编制了《交通运输信息化“十三五”发展规划》，旨在加快推进智慧交通建设，不断提高交通运输信息化发展水平。同年，交通运输部发布了《“十三五”公路养护管理发展纲要》，推动公路转型发展和提质增效，明确要求重点加强养护管理信息化建设，实现养护转型和管理升级工作。

而目前对江阴大桥日常病害的检修依旧采用人工巡检、纸质记录的方式，作为今后病害统计分析与养护处治的决策依据，但是由于缺乏统一的数据记录标准，再加上巡检人员的目测误差，使得病害的位置信息和描述信息参差不齐，不能准确反映真实的病害情况，同时纸质版的档案资料存在易丢失、病害数据难以形成链条式分析的缺陷，造成现有的钢桥面养护数据不能得以有效利用，从某种程度上来讲也影响到“科学养护”的准确程度。

在这样的背景下，江苏扬子大桥股份有限公司与东南大学合作，率先在桥面铺装病害检测中建立统一化的病害信息存档方案，采用手持式图像采集设备（图5.1）准确记录病害的位置信息（图5.2）和形状信息，并将获取得到的第一手现场资料依据图像识别技术进行处理，筛选和提取图片中记录的病害信息，包括病害类型、病害长度、宽度以及病害区域面积等，同时将所有信息自动导入桥面铺装养护管理信息系统，为今后确定正确的养护时机和选择最佳的养护方案奠定基础。病害信息存档流程如图5.3所示。

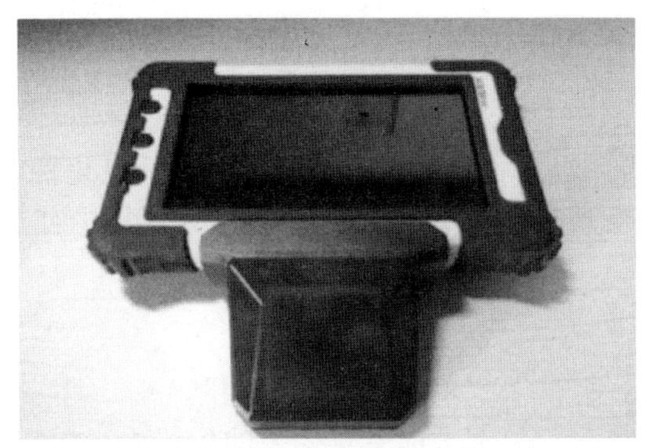

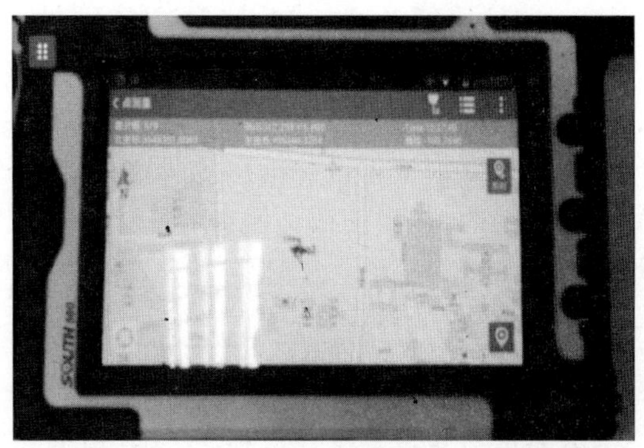

图5.1 手持式移动终端设备

图 5.2　移动终端设备记录位置信息

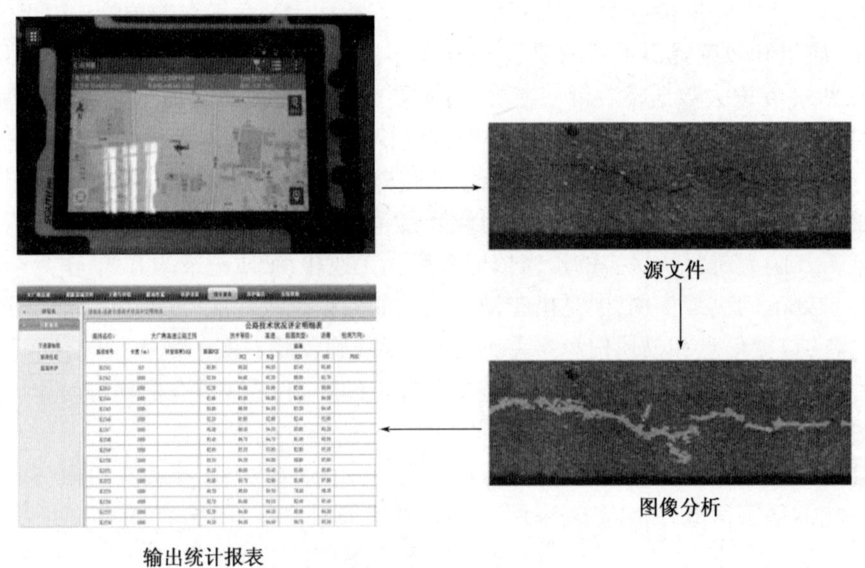

图 5.3　病害信息存档流程图

5.2　建立新型坐标系

随着桥面铺装可视化信息管理的日益推进,传统的桥面坐标系已然不能满足信息化管理的需求。因此,提出将桥面坐标系分为 GIS 坐标系和局部坐标系两种,分别对应不同的使用环境。

5.2.1　GIS 坐标系

依靠信息化技术来获取桥面铺装病害参数时,采用 GIS 坐标系对病害的位置进行标定。与 5.1 节获取得到的病害图像顺利衔接,将图像上附有的地理信息位置经图像识别技术导出至钢桥面铺装养护管理系统,方便日后的查找、定位以及观测病害发展情况。

5.2.2 局部坐标系

局部坐标采用编号的方法来标定桥面铺装病害位置,满足养护管理人员日常检测维修需要,同时局部坐标系与GIS坐标系记录的病害能够一一对应。

上下游编号:靖江到江阴方向为南,规定为上游;江阴到靖江方向为北,规定为下游。上游与下游分别用正负号表示,正号表示为上游,负号表示为下游,如图5.4所示。

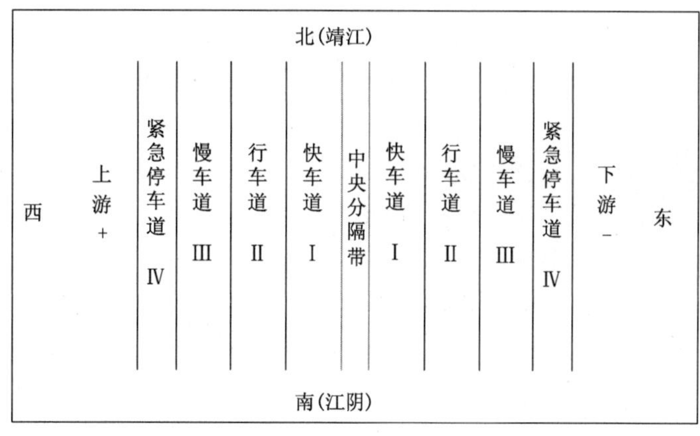

图5.4 江阴大桥桥面车道划分图

行车道编号:对单一行车方向的车道由内侧(中央分隔带侧)向外侧(紧急停车带侧)依次进行编号。以江阴大桥为例,靖江到江阴行车方向,最贴近中央分隔带的第一车道编号为Ⅰ,第二车道和第三车道编号依次为Ⅱ、Ⅲ,最外侧的紧急停车带编号为Ⅳ。

按照车辆行驶方向的顺序排列,以索杆上的油漆标号为准。索号情况介绍如表5.1、表5.2所示。

上游(靖江至江阴方向)　　表5.1

北塔	1~85索	南塔

下游(江阴至靖江方向)　　表5.2

北塔	1~85索	南塔

索号编号:对于斜拉索桥,以拉锁为节点,对桥面区域进行横向分割,从桥梁的最边缘处开始依次划分区间,规定桥梁边缘处起始端编号为0号,最靠近边缘的第一索处编号为1号,第二索处编号为2号,依次增加。以江阴大桥为例,规定桥梁的最北端为起始端,从起始端开始到第一道桥梁拉索处编号为0号~1号,第一道拉索到第二道拉索处编号为1号~2号,按此规律依次划分直到桥梁最南端。在每两个索号之间,又分别有A、B、C、D、E共计5个护栏,按照索号由小到大的顺序依次排列。

示例:+Ⅰ3#-A表示从靖江到江阴行车方向第一车道第3索A护栏位置处,−Ⅲ26#-E表示从江阴到靖江行车方向第三车道第26拉索E护栏位置处。

5.3 规范检测工艺流程

今后钢桥面铺装层养护管理系统的核心是桥面病害数据库,系统全面的桥面病害数据可以用来计算各相应评价指标值,从而做出正确的性能评估以及养护决策。而目前对钢桥面日常病害的养护检查一般是通过巡检人员行走式调查完成,不仅费时费力,而且人为影响因素较大。如果行走速度过快,较容易忽视微小病害的存在,养护调查不够充分详细;如果行走速度过慢,则会延长检修车道的封闭时间,增加其他车道的通行拥堵,加剧交通延误。

因此,为根治上述问题,尽可能减少对车道的封闭时间,需要结合无人机航拍技术、手持式图像处理设备、激光点云扫描技术等一些先进的信息采集技术,通过精密的计算与必要的试验制定标准化的病害检测流程,包括预先确定无人机的飞行速度、飞行高度、倾斜角度、航向间距与旁向间距,手持式图像设备的拍摄间隔、行走速度,激光点云扫描空间分辨率、点位精度与空间法向量等参数,从而实现对桥面铺装层病害全方位、无死角、无遗漏的检测工作,完成桥面铺装层病害由传统的人工巡检方式到先进的运维养护技术的转型。

为稳步过渡,将人工巡检与先进的信息化采集技术同时列出,并对人工巡检与手持式移动终端设备结合检测方式的具体实施步骤进行了规定,如图5.5所示。

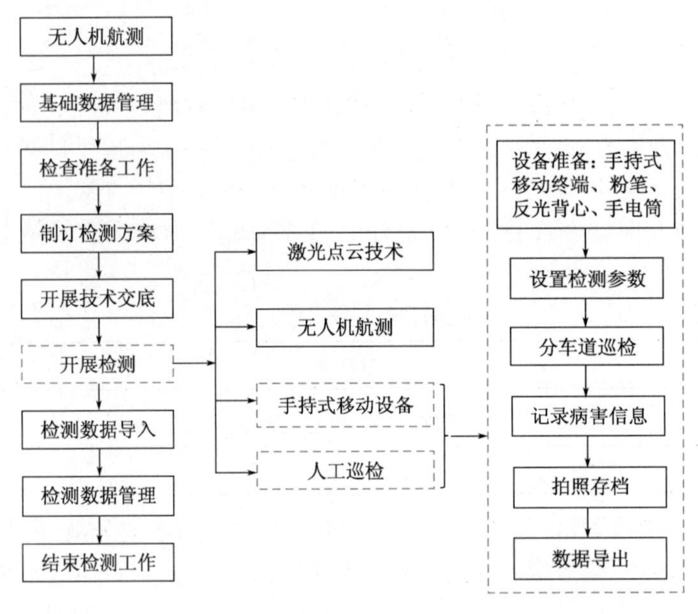

图5.5 检测工艺流程图

检测工艺流程说明:

(1)无人机航测:通过在无人机平台上搭载的多台从垂直、倾斜等不同角度采集图像的传感器来获得大桥的完整信息,将信息输入 Bentley-context capture 软件进行空三运算和图像解析,形成铺装实际场景的再现,得到桥梁构造物的基础数据。

(2)基础数据库管理:针对桥面加宽、铺装车道翻修等情况引起的基础数据的改变,及时重新测量、计算、更新基础数据库。

(3)检查准备工作:进行检查前人员及相关设备的组织、准备工作。

(4)开展技术交底:与管理单位养护大队、检测单位进行技术交流,对检查过程中的注意事项、关键流程、记录方式、人员安全等进行详细的沟通,确保仪器操作的正确性以及现场多单位协同性。

(5)开展检测:采用无人机航测与激光雷达、手持式图像采集设备、玄武岩光纤与光栅传感器、人工检测等相结合的方式开展桥面铺装检测,形成快速、全面、准确的四维检测空间。

(6)检测数据导入:将四种检测方式所得到的监测数据统一化,并导入检测数据管理系统。

(7)检测数据管理:对各类病害的检测数据进行归档化管理,为桥面铺装状况评价、预测分析和养护辅助决策提供依据。

5.4 规范修复工艺流程

现有的病害修复工艺已经能够做到具体问题具体分析,针对各自的形成机理,采用特定的处治方式进行维修。病害大体上可分为裂缝、鼓包、坑槽、车辙、火损等五大类。目前各类病害处治已经取得了一定的效果。但是在技术本身的实施过程中,尚缺乏合理有效的技术参数指标,大多凭借工程经验和尝试性试验来制定相关的技术参数,缺乏合理的科学依据。以裂缝类修复工艺为例,对于长度小于100mm的裂缝、长度在100~200mm之间的裂缝以及长度大于200mm的裂缝,病害严重程度不一,是否采用完全一致的修复手段,对于横向裂缝、纵向裂缝和不规则裂缝需要在什么时机、什么情况下处治才能够获得最佳的修复效果,修复材料的用量依据什么标准来定,这些问题均需要详细的研究,制订统一的方案,并逐步形成标准。在参数确定了之后,现有设备能否满足现场维修的技术要求,是否需要进一步改进等问题也随之而来。

基于所收集的铺装"体检"数据库,利用铺装性能衰减自适应修正预测模型,对当前状况下铺装层的服役性能进行预测,形成"体检报告",为铺装层的科学养护决策提供参考,在此基础上进行人工决策并制订养护方案,建立标准化的修复流程,如图5.6所示。

修复工艺流程说明:

(1)桥面状况评价:采用大数据分析和机器智能学习方法,对铺装层的病害破损、表面功能、结构强度的分项及总和采用科学计分方式进行分析,给出桥面状况评价结果。

(2)桥面状况预测:根据桥面技术状况评定和性能预测结果,给出铺装层大修、中修、小修、日常维养的决策建议,确保桥面始终保持良好的使用性能。

(3)人工决策:参考预测模型给出的决策建议,对桥面铺装养护工作进行最终决策。

(4)制订养护方案:给出具体的铺装养护处治方案,并进行维修费用预算。如:①根据裂缝长度、深度、开裂位置等因素,给出裂缝处治材料的技术指标值、处治方式、处治时间等方案;②根据坑槽的病害程度、区域面积等,给出处治材料技术指标值、开槽方式、边界处治工艺等方案。

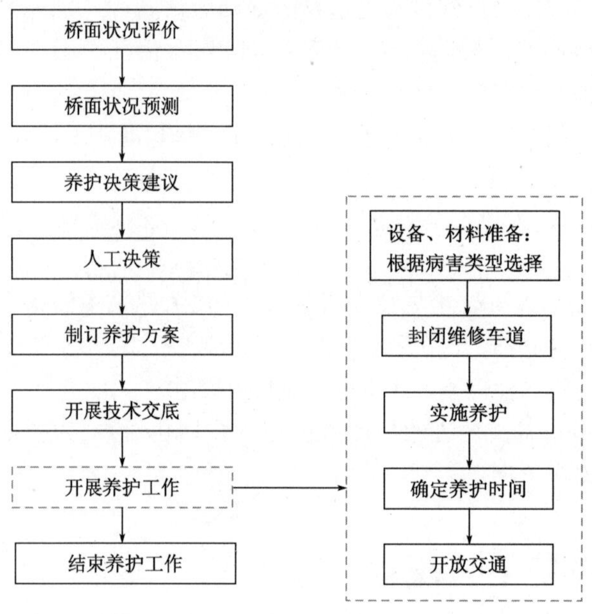

图5.6　修复工艺流程图

(5)开展技术交底:与管理单位养护大队、养护单位进行技术交流,针对不同病害养护过程中的注意事项、关键流程、记录方式、人员安全等进行详细的沟通,保证养护工作的质量、仪器操作的正确性以及现场多单位协同性。

(6)开展养护工作:根据养护病害类型选择相应的修复材料和维修设备,组织施工人员上桥维修,封闭施工车道,快速化修复,尽可能减少交通封闭时间。

5.5　养护管理制度创新

江阴大桥桥面铺装层先后历经了"单层浇注""下层浇注+上层环氧"和"双层环氧"等多种铺装模式的过渡,大桥的养护管理部门针对各个铺装结构的养护管理也是一个不断学习、逐渐积累的过程。而且随着桥面铺装使用年限的不断增加,其服务水平必然会不断降低,因此建立动态的、与时俱进的养护管理制度显得至关重要。结合江阴大桥的具体情况,主要从以下几个方面进行制度创新:

1)建设专业养护管理队伍

钢桥面铺装养护管理工作对养护人员的专业素养、技能、经验等均有较高要求,专业性较强,并且铺装层病害产生和发展需要时间的累积,是一个逐渐变化的过程。针对钢桥面铺装层的养护管理工作,培养和建立专业化的养护队伍,对于促进养护技术水平的提升、推进养护管理的标准化都具有积极的意义。

目前江阴大桥已经建立了相应的养护大队以应对日常的养护工作,但由于各类铺装病害所需的处治方式不一、养护工作专业性强，往往委托专业技术单位进行维修工作。因此，养护大队难免对检修中的具体细节及技术参数了解较少，难以对检修的质量进行有效的控制。而专业养护管理队伍的建立可以很大程度上避免此类问题的产生，对专业技术单位的检修工作能够进行有效的监督，实现江阴大桥桥面铺装病害养护的有序管理。

2）落实钢桥面铺装养护蓝皮书制度

以江阴大桥钢桥面铺装养护管理为基本出发点，为进一步规范现有的养护管理制度，查漏补缺，制定今后养护技术的科研及发展方向，推进钢桥面铺装养护管理标准化，提升养护技术水平，针对铺装层病害的养护管理编制了相应的蓝皮书，首次以官方的形式对江阴大桥当前的钢桥面铺装管理状况及养护情况进行了全面的剖析和总结。

以2017年为起点，今后将逐年落实蓝皮书制度，对每年的钢箱梁养护工作及科研情况进行梳理，不断完善现有蓝皮书的框架和内容，作为一本数据丰富的养护实录，指导今后江阴大桥钢箱梁的养护工作。

3）加大铺装层的日常养护力度

目前江阴大桥铺装层采用的是环氧沥青混凝土，它是一种高性能的铺面材料，一般不需要太多的日常养护，主要是各项指标的检测，我们采用每日一次的上桥检测制度。平时还应注意对桥面下水通道做到及时清扫，防止水分在桥面上积累从而导致桥面抗滑性能下降；日常对路肩的清扫工作可以防止碎石堆积，这些碎石在缓慢行驶车辆的作用下会对桥面造成破坏；当金属物体、岩石或集料以及其他一些会对桥面产生破坏的碎石落在桥面上时，应在其对桥面或车辆产生破坏前立即予以清除；当油类、油漆及其他会对抗滑性能产生影响的化学物质溅落在桥面上时，应立即清除。

4）实时监测铺装结构的温度变化

气温是对铺装结构影响最大的因素。江苏省夏季平均最高气温达32.5℃，夏季历史最高气温达43℃。有关测试资料表明，由于钢箱梁箱体内不通风，散热速度慢，因此高温季节，钢箱梁桥面钢板温度比传统的桁架梁钢桥桥面温度高出10℃，而且高温持续时间更长。根据当地的实测资料，当环境温度达到37℃时，钢桥面板表面温度可达67℃。另一方面，江苏省历史极端最低气温达－15℃左右。因此在日常养护中，我们在桥面不同位置均设立了温度传感器，对环氧沥青混凝土的温度变化情况实时监测，对传回的数据做到及时分析，一旦出现极端高温或极端低温等情况，应立即采用应急措施以避免环氧沥青混凝土接近温度设计的极限值。

虽然环氧沥青混凝土具有极高的热稳性，但是降低温度有利于提高材料的受力性能，因此在高温季节时采取洒水降温的措施。温度监测显示，洒水后温度可以降低近10℃。同时，为避免在高温季节洒水降温过程中铺装层频繁的温度变化，要在极限高温出现前就开始洒水，并且洒水的次数和频率要加以保证。但是要注意的是，要确保铺装表面不存在裂纹或对裂纹进行避水处理后才可以进行洒水，不然洒水可能形成相反的效果。

⑥ 未来研究展望

经过近 20 年的发展,钢桥面铺装技术已逐步完善,我国钢桥面铺装的发展需求已经从过去的建设技术需求逐渐转为运维养护技术需求。而目前桥面铺装的维养方式仍沿用人工检测、经验决策与处治的模式,存在检测效率低,文档数据难以形成链条进行分析,养护数据分散、病害难以准确可视化呈现等问题。为此,结合当前交通基础设施运维养护技术的快速发展,建立适用于钢桥面铺装运维养护的可视化信息管理平台,完成钢桥面铺装养护的经验处治方式到科学决策维养方式的转型,是钢桥面铺装维养技术发展的必然趋势,也是今后很长一段时间内我们工作的重中之重。

1)开展钢桥面铺装层养护管理信息化

建立钢桥面铺装运维养护可视化信息管理平台,形成铺装科学养护决策体系,为江阴大桥桥面铺装养护方案决策、养护时机确定、修复资金安排等提供科学化决策依据。

2)推进钢桥面铺装层养护管理标准化

众所周知,及时的养护与维修对于延长钢桥面铺装层的寿命、节省工程建设资金有着非常重要的意义。而截至目前,预防性养护作为道路养护计划中最有影响的组成部分,其理念在钢桥面铺装的养护中尚未受到足够重视。由于钢桥面铺装的受力模式、病害机理与沥青混凝土路面存在巨大差异,因此沥青混凝土路面使用性能的评价指标体系、预防性养护要求等均不能直接套用到钢桥面铺装养护中。管养者要根据钢桥面铺装的使用特点,建立基于主导损坏类型的钢桥面铺装使用性能评价标准,防止病害进一步扩展。

推进钢桥面铺装层养护管理标准化工作,有利于减轻大桥管养和维护单位的工作负担,简化烦琐的工作程序,实现桥面铺装养护工作有依据、有计划、有目的地顺利实施,同时最大程度改善钢桥面铺装的路用性能,提高行车的舒适性和安全性,保护桥梁主体结构安全,推动钢桥建设节能、环保及可持续发展,具有很高的现实意义。主要工作内容包括统一化的病害信息存档,标准化的病害检测流程,规范化的病害修复工艺。

3)新型铺装材料研发、结构优化及维养施工技术体系研究

随着我国公路建设的快速发展,国家干线公路网正在形成,大跨径钢箱梁桥建设步伐加速。钢桥面铺装是钢箱梁桥建设的一个重要环节,桥面铺装的破坏影响了交通的顺利通行,同时不得不投入大量的人力物力进行维修,二次投资费用较高。目前为止,既经济又能彻底解决问题的材料与工艺仍有待进一步的研究和开发。全国各地无论是已建钢箱梁桥面的铺装改造工程,还是新建钢箱梁桥面铺装方案的选择都时刻困扰着工程业主和管理部门,钢箱梁桥面铺装问题已成为制约钢箱梁桥发展的关键因素,探索和寻求新的钢箱梁桥面铺装材料和工艺已势在必行。

新时代下应顺应大交通流量下不间断养护维修的发展需求,综合考虑材料功能与结构功能,将二者有机地结合起来,深入开展新型铺装材料与铺装结构的研发,寻求适宜于我国国情的高性能钢桥面铺装材料以及与之相适应的维养施工技术体系,以期为我国大跨径钢桥面铺装提供理论依据与数据支撑。

参 考 文 献

[1] 江阴长江大桥,百度百科. https://baike. baidu. com/item/% E6% B 1% 9F% E9% 98% B4% E9% 95% BF% E6% B1% 9F% E5% A4% A7% E6% A1% A5/2339322? fr = aladdin.

[2] 陆庆. 环氧沥青混凝土钢桥面铺装结构和试验研究[D]. 南京: 东南大学,2000.

[3] 多田宏行. 桥面铺装的设计与施工[M]. 日本: 鹿岛出版会, 1993: 10-18.

[4] 杨军, 朱浩然, 崔娟. 钢桥面铺装混合料三轴重复加载试验变形特性[J]. 交通运输工程学报, 2008, 8(6): 24-28.

[5] 黄卫, 钱振东. 环氧沥青混凝土在大跨径钢桥面铺装中的应用[J]. 东南大学学报(自然科学版), 2002, 32(5):783-787.

[6] Luo Sang, Qian Zhendong, Xu Yang, et al. Design of gussasphalt mixtures based on performance of gussaphalt binders, mastics and mixtures [J]. Construction and Building Materials, 2017, 156: 131-141.

[7] Luo Sang, Qian Zhendong, Xu Yang, et al. Fatigue behavior of epoxy asphalt concrete and its moisture susceptibility from flexural stiffness and phase angle [J]. Construction and Building Materials, 2017, 145: 506-517.

[8] 沈金安. 改性沥青与 SMA 路面[M]. 北京: 人民交通出版社, 1999.

[9] 樊叶华. 大跨径钢桥面浇注式沥青混凝土铺装技术研究[D]. 南京: 东南大学, 2004.

[10] 东南大学, 南京长江第二大桥建设指挥部. 南京长江第二大桥钢桥面环氧沥青混凝土铺装技术及应用[R]. 2000.

[11] 王中文, 曾利文. TAF 环氧沥青混合料的施工控制[J]. 公路交通科技, 2013, 30(1): 12-16.

[12] 闵召辉, 张占军, 钱振东, 等. 环氧沥青混合料强度的时温依赖性[J]. 中国公路学报, 2007, 20(3): 1-4.

[13] 罗桑, 钱振东, HARVEY J. 环氧沥青混合料动态模量及其主曲线研究[J]. 中国公路学报,2010,23 (06):16-20.

[14] 李智, 钱振东. 典型钢桥面铺装结构的病害分类分析[J]. 交通运输工程与信息学报. 2006, 4(2): 110-115.

[15] 冯铨, 陈仕周, 陈富强, 等. 钢桥桥面沥青铺装层病害处治方法研究[J]. 公路交通技术,2007(1): 53-55.

[16] 罗桑, 钟科, 钱振东. 钢桥面复合铺装结构永久变形预估[J]. 同济大学学报(自然科学版),2013,41(03):397-401.

[17] 刘克非. 极端气候下沥青路面破坏机理与修复技术研究[D]. 长沙: 中南大学, 2012.

[18] 康敬东. 沥青路面裂缝和坑槽养护维修技术的研究[D]. 西安: 长安大学, 2002.

[19] 罗桑, 钱振东. 环氧沥青混凝土铺装表面特性试验研究[J]. 北京工业大学学报,2012,38(02):219-222.

[20] 钱振东，何长江．钢桥铺面裂缝快速修复材料性能试验研究[J]．东南大学学报(自然科学版)，2008，38(2)：255-259.

[21] 何长江，钱振东，王建伟．环氧沥青混凝土钢桥面铺装病害处治技术研究[J]．交通科技，2007，(5)：42-44.

[22] 何波．沥青路面裂缝和坑槽破损机理与修补技术研究[D]．西安：长安大学，2006.

[23] Luo Sang, Qian Zhendong, Lu Qing, et al. Fatigue crack simulation of epoxy asphalt concrete based on non-local damage theory[J]. China Journal of Highway and Transport, 2016, 29(7): 30-37.

[24] 陈团结．大跨径钢桥面环氧沥青混凝土铺装裂缝行为研究[D]．南京：东南大学，2006.

[25] 杨若冲，程刚．钢桥面铺装车辙破坏机理及成因分析[J]．公路．2004(3)：52-55.

[26] 杨军，丛菱，朱浩然，等．钢桥面沥青混合料铺装车辙有限元分析[J]．工程力学，2009，26(5)：110-115.

[27] Kenji HIMENO, Tatsuo NISHMAWA. Longitudinal Surface Cracking in Asphalt Pavements on Steel Bridge Decks Related to Dissipated Energy [J]. Department of Civil Engineering, Chuo University, 2002.

[28] 罗桑，钱振东，陆庆．基于动态频率扫描试验的环氧沥青混合料动态模量研究[J]．石油沥青，2010，24(04)：55-58.

[29] 何利佳．SPRR 技术在桥面铺装层早期病害处治中的技术适用性分析[D]．重庆：重庆交通大学，2011.

[30] 罗桑，钱振东．环氧沥青混凝土铺装材料低温性能研究[J]．公路，2010(01)：156-160.

[31] 罗桑，贺华，李科．武汉阳逻大桥环氧沥青混凝土铺装施工工艺[J]．施工技术，2009，38(01)：24-26.

[32] 徐世烺，赵国藩．混凝土断裂力学研究[M]．大连：大连理工大学出版社，1991.

[33] 罗桑，钱振东．钢桥面铺装层疲劳试验模型研究综述[J]．公路，2010(08)：79-82.

[34] 王泓．材料疲劳裂纹扩展和断裂定量规律的研究[D]．西安：西北工业大学，2002.

[35] 罗桑，钱振东，沈家林，等．环氧沥青流变模型及施工容留时间研究[J]．建筑材料学报，2011，14(05)：630-633.

[36] 罗桑，钱振东，王汇．钢桥面铺装用浇注式沥青结合料的制备与试验研究[J]．石油沥青，2011，25(01)：32-35.

[37] Samuel Labi, Kumares C Sinha. Life-Cycle Evaluation of Highway Pavement Preventive Maintenance[R]. Transportation Research Board, National Research Council, Washington D. C., 2003.

[38] 罗桑，钱振东，HARVEY J．环氧沥青混合料疲劳衰变特性试验[J]．中国公路学报，2013，26(02)：20-25.

[39] 姬野贤治，等．Longitudinal Surface Cracking in Asphalt Pavements on Steel Bridge Decks Related to Dissipated Energy [C]. 2nd Workshop on Pavement Technologies，东京，2003.

[40] The Office of Pavement Engineer. Pavement Preventive Maintenance Program Guidelines[R]. Ohio Department of Transportation, 2001.